# FORA DO NORMAL

TICIANA
STUDART

# FORA DO NORMAL

## Uma artista em busca de superação

EDITORA RECORD
RIO DE JANEIRO • SÃO PAULO
2009

CIP-BRASIL. CATALOGAÇÃO NA FONTE
SINDICATO NACIONAL DOS EDITORES DE LIVROS, RJ.

---

S922f

Studart, Ticiana
Fora do normal / Ticiana Studart. — Rio de Janeiro : Record, 2009.

ISBN 978-85-01-08925-0

1. Studart, Ticiana. 2. Mulheres — Brasil — Biografia. I. Título.

09-4249. CDD: 920.72
CDU: 929-055.2

---



Capa: Luciana Gobbo

Diagramação de miolo: FA Editoração

Foto de capa: Mark Lewis\Getty Images
Foto de quarta-capa: Vast Photography\Getty Images



Este livro foi revisado segundo o Novo Acordo Ortográfico da Língua Portuguesa



---

Impresso no Brasil

ISBN 978-85-01-08925-0
PEDIDOS PELO REEMBOLSO POSTAL
Caixa Postal 23.052
Rio de Janeiro, RJ — 20922-970

Impresso no Brasil
2009

Dedico este livro a Vera Maria,
Lucas, Cristiana, Anselmo, Isadora, Vittorio
e Isabella. Nada teria sido possível sem vocês.

Agradeço a afetiva colaboração de
Vera Lígia da Costa, de Van Furlanetti,
do Dr. Eduardo Kalina e da Dra. Silvia Kalina.

Ele era um homem difícil. Não gostava de nada. Minha carreira de atriz o desagradava, a direção cênica ele não entendia muito bem do que se tratava, mas sorria feliz sempre que eu lia meus poemas, minhas crônicas e até algumas cartas de quem prefere escrever a falar. Ele então me dizia: “Você tem de escrever um livro. Eu sei do que eu estou falando!” Então, papai, estão aí o livro que você tanto pediu e também o imenso amor que sinto por você.

Ticiana

# Apresentação

Esta é a minha história. Esta é a história de Paula. Uma Paula inventada para contar uma história real. Não foi por medo. Usei toda a minha coragem para escrever este livro. Além de tudo, gosto das personagens, diretora de teatro que sou. Precisei, sim, me distanciar para olhar de perto e sem muita angústia uma vida entrecortada por sobressaltos e miséria espiritual. Revivi. Recebi ajuda do homem e de Deus.

Esta é a história de uma mulher com transtorno bipolar. Mas não desejo que apenas outras pessoas com o mesmo transtorno se interessem pela leitura do livro. Gostaria que outras Paulas, Marias, Josés e Franciscos se interessassem por ler aqui um pouco mais sobre a vida de um ser humano com seus medos — sentimento constante na vida de todos nós —, sobre doença e cura. E que entre algumas risadas e lágrimas perceba a importância de se viver a vida como ela é: para mim, fora do normal. Persegui a mim, procurando comportamentos, sensações e, às vezes, a explicação para o que parecia inexplicável.

No início da leitura você terá a impressão de um texto desesperançoso; mas ao longo da escrita a história se torna furiosa, com a legitimidade de alguém que quer muito viver — com todo o significado que esta palavra implica. Vivemos e morremos, é fato. É importante Viver enquanto vivemos.

Reservei os últimos capítulos para a ficção. Sonhos possíveis para quem se encontra em harmonia com o essencial: esta mesma vida de que falei antes. Sentimento de culpa? Ainda tenho algum. Mas vai passar. Só por hoje. Recebi ajuda do homem e de Deus. Minha entrega a Ele foi a grande saída, primeiro por uma incomensurável gratidão, depois, por amor e reverência.

Ganhei o jogo no último minuto do segundo tempo. E todos nós, de uma maneira ou de outra, sentimos esse "gosto". Penso assim. Não pretendo jamais ser a dona da verdade. Só não sabia que nascer poderia acontecer várias vezes. Na primeira experiência, choramos; nas outras, gritamos o grito da vitória. Com Paula aconteceu dessa maneira, comigo também.

Um romance autobiográfico. Por que não*?

Ticiana Studart

* Os únicos nomes não fictícios deste livro são o do Dr. Eduardo Kalina e o da Dra. Silvia Kalina.

Quando era pequena achava que ia para o céu, ficava olhando fixamente aquele azul celeste e me imaginava morando bem ali, no meio daquela imensidão.

Às vezes olhava as nuvens, principalmente quando estava em um avião, mesmo passando por dentro delas acreditava que o purgatório era naquele lugar, em alguma parte que não se alcançava ver.

Lá embaixo era o inferno, debaixo do asfalto quente da rua das Laranjeiras, onde morava, para onde tinha certeza de que iria por ter um gênio ruim.

# Capítulo 1

Abençoado seja este dia 18 de junho de 2007.

Estou dormindo profundamente quando esta voz me chama suavemente:

— É hora de partir — me diz.

Não abro os olhos, não quero ouvir nada, sinto meu coração bater fortemente.

— Não vou, desmarca essa viagem! Pelo amor de Deus, saia daqui.

— Paula, estão todos esperando, por favor.

À medida que ela pausa, eu acelero. O tempo é muito rápido para mim. Estou com medo.

— Não vou! Não consigo ir!

Me encolho naquela cama quente da minha presença. Sinto ódio. Me abraço com o lençol e fico assim, de lado, tentando entrar no meu mundo de sono novamente. Espero a quietude e o zumbido nos ouvidos, não quero que Márcia me chame de novo. Penso em me virar, mas não consigo mudar de posição. Quero ficar quieta, morrer aqui.

São 6 horas da manhã, o quarto está escuro como sempre, nada é diferente, a não ser pelo prenúncio dessa viagem que me atormenta. Não posso ir. Estou irremediavelmente presa a esta cama faz 11 meses. Nada vai ser diferente amanhã ou depois. Quero que me deixem em paz. Por favor. Penso que disse ontem que iria. Mas foi um lapso, um instante de loucura. Minha realidade é que não saio deste quarto, que não tenho força nestas pernas, nestes braços.

Seria preciso tomar banho... A água coça meu corpo. E se não tiver passagem aérea para amanhã? Vou amanhã.

A agonia continua.

Na sala, Márcia e meu motorista, Ovídio, oram, Rosa já se conformou, acha melhor sua filha branca ficar, não tem jeito mesmo, ouço ela dizer. Sinto o torpor de sempre, uma fraqueza enorme, coitados de Márcia e Ovídio na sala, coitados, não há Deus que faça milagre.

De repente interrompo todas as orações, lamentações, todos os ruídos daquela casa e grito com os últimos pulmões que ainda tenho:

— Eu vou! Pronto, eu vou.

Fico de pé, olho para a cama cheia de travesseiros e quero desesperadamente voltar para ela, fechar os olhos e esquecer.

Mas o medo maior de não sei o quê, talvez Deus, me faz caminhar até o cabideiro cheio de bolsas onde estão pendurados a minha roupa e um casacão de frio.

Estou em uma antiga casa onde morei aos meus 18 anos, quando tudo era festa e embriaguez. Este é meu quarto, agora tão diferente. Vou ao banheiro. Tudo agora me incomoda, o tapete, o azulejo, a cor do azulejo. Tenho de tomar banho, a água me pinica, entro no chuveiro cheia de medo para uma ducha mais do que rápida, já esperando a tortura posterior. Pego a toalha para me secar, meu peito coça, arranho com as unhas meu colo, meus braços e meu pescoço. Minha pele se torna vermelha. Grito pelo quarto. O comichão toma minhas pernas. Essa sensação é como um pesadelo que se repete todos os dias quando enxugo o meu corpo. Chamo por Rosa. Ela corre com o álcool e o algodão em suas mãos. Mas além dessas paranoias tenho um filho lindo que, já acordado no quarto ao lado, diz:

— Essa coceira é só pensamento, mãe, vai passar.

Ele me olha com a cor da esperança, e assim começo a me vestir, ainda cheia de raiva e ressentimento. Meu filho André me diz:

— Vai dar certo, mãe, viajar é o maior barato, eu adoro comida de avião.

Senti o meu corpo.

Meu corpo é uma piada. No lugar daquelas lindas pernas torneadas, dois tonéis de chumbo me sustentam. Uma barriga imensa me impede os movimentos e só um novo gordo sabe a dificuldade que é abotoar um sapato dobrando o corpo sobre si mesmo. Faço esse esforço, calço o sapato suando frio. Estou pronta, vestida. Ainda estou no quarto com Rosa, minha fiel escudeira, apenas a ela permito presenciar os meus movimentos. Sair do quarto é o próximo passo, não estou habituada a isso, não gosto de sair daqui.

Pego a pequena *nécessaire*, meu corpo todo dói, estou extremamente irritada. Saio do quarto. A sala é mais adiante, graças a Deus. Estou pronta, a porta de saída se abre. Beijo meu filho demoradamente. Adeus. Adeus.

É um dia quente. Na portaria espero o carro. O dia lá fora é comum. Faço questão absoluta de não perceber o que acontece na rua. Todos estão em silêncio, sinto que Márcia está tensa, acho que tem medo de que eu desista. Ela, que ficou noites em claro na minha casa esperando que eu levantasse, que conversasse com ela, que ríssemos como antigamente. Agora sabe que isso é impossível. Sinto que acredita que vamos achar alguma saída. Não sei. Não sinto qualquer ternura ou gratidão, sinto raiva por estar de pé.

De repente lembro dos dólares que guardei em segredo com Rosa, pergunto a ela, Rosa rapidamente diz para eu ficar tranquila, que tudo está na maleta guardado.

O carro prata sai da garagem com Ovídio na direção. Já me diverti muito dirigindo pela cidade, adorava sair com Márcia passeando sem rumo, quando colocávamos CDs e cantávamos todas as faixas de cor, como se não existisse mundo lá fora.

Entramos todos no carro, eu na frente, elas duas atrás, o silêncio, novamente o silêncio. Quando entramos na Linha Vermelha rumo ao aeroporto, um pressentimento rápido e ruim surge na minha mente, abro a maleta e começo a contar os dólares. Meu coração acelera o que já sei.

Na maleta não havia os 7 mil dólares que havia escondido com Rosa no meio das calcinhas pretas, e sim 6 mil dólares.

Ela vai tentar me confundir. Eu sou uma mulher sem memória.

Viro para trás já aos berros:

— Rosa, onde estão os mil dólares? Só você e eu sabíamos onde o dinheiro estava escondido.

A negra fica cinza. Márcia fica lívida. Começo a gritar e chorar compulsivamente.

Rosa, meu último anjo da guarda.

No meio da confusão, Ovídio, nervoso e atento, se é possível juntar essas duas sensações, acelera o carro. Sou uma presa fácil, meus berros não adiantam de absolutamente nada, não há ninguém para me esperar quando eu voltar, nenhuma boa-nova, aliás, nada por que ir nem por que voltar.

Chegamos ao aeroporto vivos, Márcia tenta me acalmar, rispidamente digo a Ovídio e a Rosa que voltem para casa e tragam meus dólares "perdidos". Ovídio me lança um olhar de súplica, sabe que não vão achar nada, que nada será devolvido e no fundo não sabe se é mais uma das minhas loucuras. Não seria de duvidar, grande e nobre Ovídio, que agora só me causa ira.

Eles se vão, enquanto Márcia e eu nos dirigimos para o *check-in*. Vejo aproximar-se o namorado de Márcia.

Roberto foi meu parceiro nas loucuras de alguns dias atrás, quando tentei sair da cama por meio do álcool e da cocaína.

Ele chega quase que pedindo desculpas. Márcia fica nervosa, ela é codependente e se envolve completamente com pessoas que precisam dela, eu e Roberto éramos dois exemplos disso.

Me sinto deprimida.

A cocaína desperta em mim um lado psicótico e primitivo, e tenho muita vergonha disso.

Márcia foi tão permissiva que deixou que seu namorado e eu curtíssimos juntos o nosso desespero. Talvez por pena de mim. Não sei.

Foram os únicos três dias que passei fora da cama, para depois voltar para ela mais derrubada do que nunca e entrar em um sono perturbador, só acordado por Márcia para sairmos para essa viagem.

Falei rapidamente com Roberto, estava com vergonha do meu inchaço e das nossas últimas noites. Ele e

Márcia se abraçaram, fomos para a sala de desembarque, o rapaz perdido se foi, os dólares sumiram, Rosa e Ovídio desapareceram, era hora de partir.

Entramos no avião, estou morrendo de fome, chego perguntando agressivamente à aeromoça a que horas o almoço será servido, ela não sabe me responder, fico com ódio daquela mulher. Ela é culpada de todos os meus problemas, quero comer! Sento na poltrona do corredor, ao meu lado Márcia ora, tenho vontade de fumar e não posso, tenho raiva dos homens e de suas leis.

O avião decola.

O avião é um tubo maravilhoso que nos acomoda rumo ao desconhecido.

Quantas vezes o avião foi um divisor de águas na minha vida... Quando fui morar em Nova York, entrei no tubo rumo a três anos de felicidade. Aprendi outra língua. Sabe lá o que é aprender outra língua? É nascer novamente! É brincar de casinha, de boneca, de chocalho. Estava muito entretida nessa época para ficar doente, talvez ainda fosse muito nova, mas às vezes tinha rompantes raivosos quando não conseguia alguma coisa. Às vezes comprava e bebia compulsivamente. Mas Nova York durou muito em beleza, em teatro.

Chegava de bicicleta à minha escola com a cena decorada, orgulhosa do meu inglês já fluente. Meus amigos americanos, chilenos, uruguaios, acolhedores. Nova York é um grande zoológico iluminado, onde tudo se acha, tudo é possível. Conheci os grandes autores ali. Vi inúmeros festivais de teatro entre uma dose e outra e alguns excessos.

Cruzava a cidade com minha parceira Anne ou com meu amigo Joe, ou ainda com o louco *new yorker* Mario, vivendo intensamente, não percebendo ainda sinais de algum cansaço. Vivia, sim, em estado de permanente impulso, para mim naquele tempo tudo era permitido.

Voltei para o Brasil com um brilho no olhar, uma peça de teatro debaixo do braço, o aplauso e a bagagem provenientes da cidade de Nova York, as portas do Rio de Janeiro abertas para mim.

Dirigi minha primeira peça de teatro. O sucesso e os problemas começaram. O termômetro da ansiedade subiu.

No dia da estreia da peça joguei um prato de comida em cima de uma amiga no meu apartamento, instantes antes de sair para minha tão esperada aventura. Ainda não sabia. Ainda não sei.

O avião me traz de volta.

O almoço, enfim, chega, eu e Márcia estamos com fome, devoro essas tigelinhas de ratinho que, com a minha fome, não dão nem para começar.

Peço mais à aeromoça, que graças a Deus me serve. Sinto Márcia aliviada, acho que ela pensou que eu ia dar um escândalo, mas não tenho forças.

Como e fecho os olhos.

Fico assim, respirando essa meia-vida que são meus sonhos quando estou de olhos cerrados. Fico imaginando coisas sempre, que estou em uma grande festa rindo, toda de branco, rodeada pelos meus amigos, distribuo bolo para todos, eles riem e me olham com ternura. Chego perto de cada um e peço perdão por cada episódio errado, mesmo pelos já esquecidos. Todos eles sorriem e me abraçam fraternamente, voltam a ser meus amigos, tudo é festa e alegria. Não tenho mais medo nem vergonha do que fiz, penso que poderia ter perdido todos eles, quantas vezes fui inconveniente e agressiva?

Me encolho pensando em quando, no meio do palco, bêbada, minha calça rasgada na bunda, girando tentando dirigir um ensaio, fui agarrada por uma grande atriz, que me perguntou maldosamente:

— Você bebeu, Paula?

Meus olhos piscam, que agonia.

Todos os atores me cercando, minha voz pastosa negando o álcool. Uma barriga grávida de seis meses, minha irresponsabilidade desmascarada ali na frente de todos.

Detesto esses pensamentos ruins, quero pensar na festa, todos me perdoam, não quero pensar que muitos se afastaram, que ninguém aguenta uma pessoa intratável como eu.

Uma pessoa difícil, é como me veem.

— Atenção, senhores passageiros, favor colocarem as poltronas na posição vertical e apertarem os cintos de segurança, pois estamos aterrissando no Aeroporto Internacional de Buenos Aires.

Abro os olhos.

## Capítulo 2

Passeio pelos corredores do aeroporto, perdida.

Os homens nos sorriem bem-humorados, enquanto estendemos passaporte e carteira de identidade.

O passe é livre. Argentinos e brasileiros. *Hermanos* e rivais. Maradona e Pelé. Fico pensando no que estou fazendo ali. Mais adiante leio a plaquinha vermelha com letra miúda: Paula. Meu nome na boca dos argentinos, então é para valer. Cumprimento o senhor tentando um meio-sorriso. Márcia, nervosa, pede um tempo para trocarmos os dólares.

O homem mal sabia o que se passava ali, como às vezes somos inocentes! Não sabia o perigo que corria, que qualquer imprudência poderia ser fatal, que levaria no seu carro uma pessoa louca... Acho engraçado pensar nisso.

O senhor prestativo guarda a nossa bagagem no porta-malas do carro, sob o olhar atento de Márcia.

Encosto no couro preto do banco, fecho os olhos, descanso, é assim que gosto de ficar. O automóvel corre pela cidade e não tenho a menor curiosidade de conhecê-la.

Márcia conversa animadamente com Ângelo, faz perguntas, se interessa por cada lugar que passa.

Tento não ouvir, não sei para onde vou, e isso me conforta.

Essa ausência de responsabilidade é a única alegria que carrego comigo, não ser mais dona dos meus atos, afinal sou louca.

Ouço de longe a conversa dos dois sobre o frio que faz em Buenos Aires.

Adoro frio, detesto calor. Nasci no país errado, não tenho samba no pé, a cerveja e o suor não me apetecem, não gosto de andar nua. Amo os casacos, o corpo coberto de uma ingenuidade dissimulada, cínica.

Deveria ter sido mais cínica na vida. Teria sofrido menos. Essa mania de ser verdadeira, de ser real. Porra nenhuma! Meu melhor amigo diz: "Não é muito criativo falar mal de você, Paula, ninguém o faz melhor!"

Essa sinceridade católica. Esse medo burguês de ser feliz.

O carro corre, bom de roda este Ângelo.

Márcia está animada com a grande novidade de um país estranho, minha respiração está calma, lá fora faz 2 graus centígrados, diz o homem.

O carro para em frente à Clínica Santa Rosa.

É hora de entrar.

Entrar é sempre um problema, ainda mais quando é pela primeira vez.

No colégio, quando adolescente, torcia com toda a força para ser aceita como uma das populares da escola.

Sempre tive sede de sucesso.

A necessidade de agradar, de ter o máximo de pessoas ao meu redor me adorando, se soubesse que essa necessidade iria virar solidão...

Mas lá ia eu, bamba das pernas, sentar ao lado da garota mais bonita da escola. Aí residia o meu erro! Ficava de cara humilhada, me sentindo menor.

Estela desfilava seu nariz arrebitado, sua morenice com ar desleixado de quem não precisa se preocupar com absolutamente nada. Enquanto eu sofria ao seu lado, tentando ajeitar o cabelo, puxar a saia, empurrando meu corpo para frente para ficar tão esbelta quanto ela.

O que me intrigava era essa falta de esforço que ela fazia, enquanto meu peso era enorme, descomunal.

O pior era quando Estela resolvia brigar comigo, se ela era rainha, ela me destruía e meu mundo ia abaixo.

Minha personalidade instável, misturada a uma megalomania sem fim, me trouxe um grande sofrimento, uma devastação. Mas sobrava a inteligência. Ah, essa tal de inteligência!

A pior coisa do mundo é quando se é admirada pela qualidade que não se quer.

Queria ser bonita, desejada, todos querem. Deve ser porque ser bonita é simples, singelo, ser inteligente não é tão instigante. Não sou feia. Eu me achava horrível. Hoje posso até dizer que era bonita e não sabia, já tinha em mim toda uma inabilidade para lidar com sentimentos.

Pequenas depressões que me fizeram desde criança correr para psicólogos.

A clínica é luxuosa.

Vou passar o inverno presa em um hotel em Buenos Aires...

A ideia me apavora. Aqui não é um hotel. Pergunto à moça da recepção quando vão nos atender.

Não consigo entender o que ela fala.

É horrível não saber falar uma língua.

Começo a ficar irritada, quero entrar logo, por que não vêm nos buscar? Penso em desistir. Ao meu lado as pessoas parecem não perceber o que se passa comigo e agem normalmente, tenho vontade de matá-las. Meus pés doem. Quero ser atendida imediatamente. Sento muda na cadeira, uma porta de ferro eletrônica se abre, uma enfermeira nos chama.

Entro em uma passarela azul que faz voltas como um caracol, a moça nos encaminha acima. Vou confiante, pronta para uma briga.

Pelo caracol passam várias pessoas diferentes falando estridentemente, o local é barulhento e agitado, não entendo bem quem são aqueles indivíduos.

Abre-se outra porta de ferro. De pé, com um sorriso largo no rosto, vestido com blusa azul-clara e calças pretas, está o homem que salvaria minha vida, Dr. Eduardo Kalina.

Ele me recebe com um forte aperto de mão, gentilmente nos faz sentar e pergunta sobre a viagem. É um homem forte e bonito, tem 70 anos, mas aparenta 50 e poucos, explode jovialidade, seus gestos são seguros e precisos, mais tarde iria perceber que era o maior exemplo de tudo que pregava.

Sento na cadeira nervosa, Márcia diz que estou mal e que preciso de ajuda, fala com desenvoltura sobre mim, a intimidade com Dr. Kalina me incomoda:

— Não estou mal, Márcia, estou doente. Estou há 11 meses deitada em uma cama. Não sou mais eu, é uma fagulha de vida deitada em um colchão. O que me resta são sonhos e sobressaltos. Tomo ainda alguns remédios para não morrer...

Começo a chorar convulsivamente, Dr. Kalina diz apenas três palavras:

— Calma, Paula, calma.

Tiro ferozmente de dentro da bolsa todos os medicamentos que tomo e jogo em sua mesa, Stablon, Ritalina, Cipramil, Carbolitium, Frontal, Valium, uma sopa de letras, que ele olha na mesa e balança a cabeça de um lado para o outro em sinal de reprovação. Não diz nada, sua ética fala mais alto. Falo dos choques elétricos a que me submeti, novamente me olha nos olhos e me devolve o silêncio.

Falo sobre uma vida de agonia e, nos últimos meses, de miséria mental e espiritual, do abuso de drogas, da dependência química, dos antidepressivos que acabam comigo, me vejo de repente falando coisas para aquele senhor de cabelos negros e sorriso branco, que tem o cheiro do meu pai e que repentinamente me inspira confiança e me acende um fio de esperança.

Fico pensando por que aquele homem me toca tão profundamente, seria a maneira com a qual me olha? Parece que me desnuda aqui, que sabe tudo que se passa, como se me conhecesse há muito tempo, me interrompe às vezes pedindo calma, sempre calma.

Faz brincadeiras comigo das quais não rio, meu rosto é sério e torço as mãos ao falar.

Enquanto ele conversa com Márcia sobre o hotel e as localidades, passeio o olhar pelo seu consultório, são milhões de diplomas do mundo inteiro, é como se ele tivesse se especializado em gente a cada lugar, penso em quanto deve ter viajado, em quantas línguas fala, seu português é perfeito, conhece gírias, diz frases bem-humoradas em nosso idioma.

Foram inúmeros doutores de branco a me tratar, várias clínicas, a cada medicação pensava em um milagre e desabava em um mesmo buraco sem fundo.

Este lindo médico poderia também ser outro monstro. Quero sair daqui. Quero voltar para o meu país. Não gosto desta situação.

Minha tênue mudança de respiração chama a atenção do Dr. Kalina, que diz:

— Paula, você quer um café? É descafeinado, como você tem que tomar daqui por diante, nada que a excite, nem mate, nem chá verde, absolutamente nada que altere seu humor.

Tenho vontade de rir, secamente digo a ele que essas são as bebidas que ficam ao meu lado o tempo todo para que não durma por toda a eternidade, que isso só pode ser uma brincadeira.

Ele me olha e estende o café descafeinado.

Márcia disfarçadamente pergunta sobre a clínica e minha estada aqui, ele descreve toda a situação com tranquilidade, diz que ficarei sozinha em um quarto apenas por alguns dias, tento protestar, de maneira segura ele me detém, dizendo que terá de ser daquela maneira. Rapidamente pega o telefone e liga para a enfermaria do hospital, sinto que faz brincadeiras em espanhol com a atendente, fala rapidamente, de modo que não entenda, o que não me deixa nada tranquila. Agora está tudo fora do meu controle.

Após alguns minutos batem na porta, sinto que é hora de partir.

Márcia aperta minha mão, estou nervosa, digo até logo, olho longamente para Dr. Kalina e me vou.

A enfermeira me conduz de volta ao caracol azul, paramos na enfermaria, onde tomo a medicação prescrita pelo médico. Começamos a subir e entendo que ela está me levando para o quarto. Para minha surpresa, minhas malas estão abertas, com duas mulheres remexendo as minhas coisas. Começo imediatamente a gritar minha indignação.

Falo em um espanhol inventado. Elas me explicam algo que não consigo entender, enquanto tiram o cadarço do meu tênis falando a palavra suicídio. Pergunto a elas se pensam que vou me matar, acho patética a ideia de enrolar um cadarço de sapato no pescoço, todas as tentativas de suicídio dolorosas haviam sido descartadas por mim.

Quando estava deitada na cama do meu quarto durante esses últimos 11 meses, olhava longamente para a janela e pensava nas pessoas que tinham a coragem ou a fraqueza de se jogar.

Pensava também nas que tomavam algum tipo de veneno, sentia a garganta estrangular, a respiração faltar, a pessoa sofrendo vagarosamente até morrer. As formas eram terríveis, mas a morte não, essa me parecia maravilhosa, pedia realmente com muita vontade que Deus, o senhor do universo, me levasse espontaneamente.

Pensava em tantas pessoas que não queriam morrer, que rezavam fervorosamente para serem curadas de alguma doença fatal, que trocassem de lugar comigo para que pudesse enfim descansar.

Essa era a maior verdade que carregava. O resto era cansaço.

A enfermeira pegou os vidros de perfume um a um, entendi que era para que eu não inalasse o conteúdo, quis mordê-la, arranhar seu rosto.

Onde estavam Márcia e Dr. Kalina? Com quem aquelas mulheres pensavam que estavam tratando? Vou embora neste momento! Penso na porta de ferro. Leio na blusa branca de enfermeira o nome Célia, olho para ela, que continua seu trabalho ignorando completamente minha presença.

Me sinto abatida, ela me estende um saco com duas calças, dois suéteres, um casacão, um par de tênis, uma camisola azul, escova de dentes, xampu e condicionador.

Em salto, pego os seis livros que trouxe dentro da mala, ela antes os pega na minha mão, se detendo sobre um de tarô, perguntando do que se trata. Digo que é um jogo do Brasil. Ela balbucia algo e para meu alívio me devolve o tarô cigano.

Estou agora com os escritos de Mario Prata, *Purgatório*, *Cartas a um jovem poeta*, de Rilke, *Quem mexeu no meu queijo?*, um livro de autoajuda, *A doença da morte*, de Marguerite Duras, e o tarô do Osho.

Não leio há mais de um ano. Mas ter os meus livros comigo me dá uma segurança de ter alguma coisa junta ainda.

Olho para aquele quarto e me sinto perdida, não sei por onde começar, faço o que ainda sei fazer, visto a camisola, deito na cama e, enfim, durmo.

Acordo com uma sombra chamando baixo meu nome:

— Paula, está aqui sua medicação das 8 horas. É hora da *cena*.

— É hora de quê? — pergunto atônita, ainda sonolenta, tomando a medicação avidamente.

Traduzo em português as poucas palavras que entendo dessa mulher pequena, que depois viria a saber que se chama Luna. Adorável Luna.

Não entendo o que ela fala. Fica repetindo:

— Paula, levanta por favor, é hora da *cena*, por favor, Paula.

Sento na cama e digo para ela que não compreendo, que quero ficar ali, que apague a luz, por favor.

Venho a saber depois que *cena* é simplesmente o jantar dos argentinos, enquanto para mim remete a coisas vitais e dolorosas.

Teatro é minha vida, ao que me dediquei sempre.

Penso teatro o tempo todo. Mesmo deitada esses 11 meses, chorei as peças perdidas, as cenas acumuladas. Mesmo doente esses anos todos, não me foi tirado o dom da criação.

Comecei o meu sonho aos 18 anos, no tablado de uma conhecida escola amadora. Ainda adolescente, fazia curso no qual improvisava bailarinas, náufragos, animais na floresta, árvores nascendo e casais de namorados. Encarava seriamente cada cena, enquanto a professora nos criticava com um sorriso maroto nos lábios.

Mas infelizmente esse sonho se deturpou e, incentivada por minha amada mãe, fui fazer testes na televisão. Ela não sabia o que fazia.

Dentro do banheiro, inocentemente tomava goles de uísque em minigarrafinhas que tinha roubado de casa e toda solta me mostrava diante das câmeras, com seus diretores lobos e seus dentes arreganhados.

Ganhei o papel.

Fui fazer no fim da novela a amiguinha da personagem principal do *hit* do momento, uma novela moderna, meus cabelos eram encaracolados, as meias eram de lurex, as Frenéticas cantavam a todo vapor pelo país, e então larguei a faculdade rumo a um sucesso que só estava dentro da minha cabeça e daquela garrafinha de uísque.

Depois vieram os corredores da TV, as novelas, uma chance em outro folhetim, no qual estava muito intimidada para mostrar o talento que tinha.

Pedia a diretores e autores por mais uma chance de trabalho. Agora tinha o pensamento fixo no sucesso.

Tinha uma mesma obsessão diária. Cumprir os desejos da minha mãe. Ou os meus. Não deixava brecha para qualquer outro desejo. Esse era intenso, quase que maquiavélico. Corria por aqueles corredores da TV incessantemente e me deprimia a cada batalha perdida. Oscilava entre a euforia de ser estrela e a depressão do anonimato, e eu era tão menina...

Era uma compulsão física e psicológica.

Tinha a proteção de um lendário diretor de teatro, jovem, que apostava no meu talento e me incentivava a representar em espetáculos teatrais.

Tive oportunidade ainda de fazer algumas peças amadoras, minha estreia profissional, de um conhecido autor russo, e alguns outros espetáculos de maior ou menor importância, mas estava adormecida, queria fazer sucesso rapidamente e de qualquer maneira ser aclamada.

Perdi alguns dos meus melhores anos com os olhos fixos na TV, vendo minha geração crescer, os grupos teatrais acontecerem e eu de fora, cega.

Meu despertar se deu muito tempo depois, já diretora, com a carreira de atriz deixada para trás, sem frustrações, mas perdida por enquanto.

Vivia um sufoco em casa, tinha na minha mãe uma grande crítica e cada cena minha na TV era vista pela família toda e depois comentada. Era terrível. Meu pai também não ajudava. Ao contrário de todos, achava aquela profissão o que havia de pior, sonhava para mim a imponência de uma juíza ou um grande emprego público.

E assim eu ia, sem saber que tinha de estudar, andando de um lado para outro como barata tonta, fumando maconha e bebendo um pouco além da conta para ficar mais à vontade.

Minha mãe, coitada, pensava que era o melhor para mim e para ela.

Meu pai foi mais sábio, me vendo assim cabisbaixa, bêbada nos fins de semana, e dias de semana também, sem entender direito ou fingindo não entender, ofereceu a grande solução: a entrada no tubo rumo a Nova York para aprender inglês, segundo ele.

Me senti aliviada, era uma ótima desculpa para o fracasso iminente: as luzes de Nova York. Aceitei prontamente e viajei para uma experiência que seria a minha primeira salvação.

Comecei a aprender.

Luna apaga a luz.

Não é difícil para mim dormir e dormir mais ainda, não aprendi nada além disso nesses últimos 11 meses, mas por alguma razão acendo a luz, coloco os pés no chão e vou até o banheiro lavar o rosto.

Me olho no espelho e vejo esta imagem que não sou eu. Estou gorda e desfigurada. Meus cabelos estão grandes e maltratados. Não quero pensar nisso, lavo o rosto, escovo os dentes e, mesmo recusando a ideia, sinto prazer em enxugar meu rosto naquela toalha limpa, cheirando a amaciante floral. Tudo é asséptico naquele quarto: o piso, a cama, os lençóis, tudo tem um cheiro peculiar que me agrada, que me coloca em segurança. Visto a calça marrom e o casaco vermelho com desenhos em cinza claro, gosto de me vestir agasalhada assim. Não acredito que estou calçando um tênis sem cadarço. Ajeito o cabelo com os dedos e abro a porta.

Luna me dá um sorriso de boas-vindas, estou novamente no caracol azul. Pergunto a ela em um castelhano fajuto onde fica o refeitório, ela me indica com a mão e repete que é abaixo.

Quando entro no refeitório fico perplexa, todas as mesas estão ocupadas por argentinos que falam sem parar.

São várias pessoas muito diferentes disparando conversas diante de pratos ainda vazios.

Ninguém percebe minha chegada, graças a Deus. Sento-me em um lugar vago e fico ali, olhando um copo.

De repente um rapaz na mesa pergunta o meu nome, respondo baixinho:

— Paula.

— Como está Paula? — pergunta alegremente Daniel.

Digo que não falo espanhol, ele diz que também não fala. Sorrio. Diz para mim que está morrendo de fome. Peço a ele que fale mais devagar. Daniel é um argentino de mais ou menos 25 anos, baixinho, bonito e forte. Inquieto, não para um minuto sequer.

Digo a ele que estou com muita fome também, ele então me ensina um truque e diz que é um segredo que ficará entre nós. Rapidamente saca um pão da cesta, pega o queijo ralado, vira o pote cheio de furinhos e joga o queijo por cima da torrada debaixo da mesa. Sorridente diz para eu provar. Coloca na minha boca. Aquela intimidade me faz ruborizar, a simplicidade sempre me assustou. O queijo ralado da Argentina é maravilhoso! Depois fiquei viciada naquela prática do pãozinho com queijo ralado de entrada escondido da enfermeira.

O jantar é servido, frango com legumes, purê e arroz. Está delicioso. A abóbora argentina é grande, os legumes são saborosos, como tudo vorazmente, sem olhar para os lados.

É estranho fazer algumas coisas ao lado ou perto de estranhos, como comer e dormir. Ir ao banheiro também é difícil.

Estou gostando de estar aqui. Depois de tantos meses, estou comendo em uma mesa. De sobremesa comemos frutas.

Pergunto a Daniel como faço para fumar, ele me aponta um pequeno lugar do lado de fora com mesinhas, guarda-sóis e bancos de jardim. Saio rapidamente, louca para fumar.

Fumo desde os 14 anos. Sempre foi uma bengala para mim. Sou viciada da pior categoria.

Nesses 11 meses deitada, lembro do cigarro como companheiro assíduo dos dias e das noites.

Encontro pessoas no pequeno lugar de cimento ao ar livre, sento à mesa e sinto vontade de conversar pela primeira vez. Me aproximo de uma menina fumante e pergunto seu nome, ela me diz se chamar Maria.

Ela é bonita, tem olhos e cabelos negros, sorriso branco, seu rosto é tranquilo e me fala que adora o Brasil, caipirinha, Chico Buarque, Vinicius de Moraes e Tom Jobim.

Digo que cheguei há pouco, que estava dormindo, que acabei de tomar medicação.

Ela me olha com ternura e diz que está tudo bem. Que a chegada é um pouco difícil. Fico agradecida e não consigo mais não perguntar:

— Maria, por que você está aqui?

— Tentativa de suicídio — me diz ela.

Além de Maria estão no pátio Iran, um rapaz de movimentos suaves, que tem um livro de Jung nas mãos; Lúcia, uma mulher de olhar profundo e triste, que se tornaria minha grande companheira na Clínica Santa Rosa; Betina, uma moça de olhos azuis e nariz de grega, grávida de 2 meses; Uruguaia, como o apelido diz, uma estrangeira naturalizada, que gargalhava no meio das frases, pontuando a conversa de modo engraçado; Alejandra, uma menina de ralos cabelos pretos, sem os dentes, olhos verdes, que parece estar bastante perdida e carente; Túlio, um rapazinho argentino jogador de futebol, olhos espertos e fala mansa; Cristina, uma garota de 17 anos, gorda, com jeito de menino, e por último, também sentado em volta da mesa redonda, Lobo, uma espécie de ermitão, que, com seu radinho ligado, está calado, fumando cigarros até a guimba e tem os dedos indicador e médio cor de abóbora. Ficamos a noite inteira ali fumando e falando, conversando coisas banais. Parecemos esquecer que estamos presos em uma clínica psiquiátrica. O guarda-sol noturno desmentia aquele fato.

Faz-se uma brincadeira de cada um de nós falar uma palavra e o outro fazer o mesmo, formando assim um pensamento. Não quero ainda participar, prefiro ficar olhando enquanto eles riem das situações absurdas que criam, coisas como: "O elefante estava na banheira, esperando o ceú clarear, pensava em quanto sua vida era inútil, quando então um meteoro caiu, fazendo assim os animais da floresta matarem o leão, foi então que subiu ao trono o mamífero de maior tromba do universo."

Sorrio a cada frase e tento entender algum significado da minha própria vida. Onde estava escondida a dor deles atrás daquelas sentenças? Tudo parecia um grande acontecimento. Ainda não tinha presenciado o tédio, a revolta, a prisão, o entorpecimento de alguns.

Pergunto a cada um, docemente, por que estão ali, alguns me respondem em sussurro:

— Tentativa de suicídio.

— Anorexia, bulimia e tentativa de suicídio.

— Depressão com tentativa de suicídio.

— Alcoolismo e tentativa de suicídio.

— Tentativa de suicídio.

— Estado de depressão e tentativa de suicídio.

Pensava que estava em uma clínica de dependentes químicos! Seria a terceira vez que estaria internada em uma clínica assim, já estava acostumada!

Fico olhando sem saber o que dizer. Daniel, que vem se juntar a nós, escancara o fato:

— Querida, isto aqui é uma clínica de suicidas!!

Começo a rir, eles também riem, foram minhas primeiras gargalhadas depois de meses, eles comemoram.

— Paula, seja bem-vinda à clínica!

Tento explicar que esse não é o meu caso, eles pedem que eu conte, que fale para eles por que estou ali. Após alguns momentos de relato, Lúcia então fala:

— Paula, você é uma suicida, apenas estava se matando em cotas, o que você acha que aconteceria com uma pessoa como você depois de alguns meses deitada em uma cama?

Não quero responder, mas tenho certeza de que estou no lugar certo. Digo boa noite para aquelas pessoas e desejo para elas exatamente o que desejo para mim.

A enfermeira nos indica uma fila em frente a um quartinho azul, sinto os outros internos agitados, entendo que é hora da medicação noturna. Todos perguntam por um reforço. Não entendo bem o que quer dizer. Tomo os remédios e vou para meu quarto, vejo que sou a única que está sozinha e mais uma vez agradeço ao Dr. Kalina aquela deferência, apesar de saber que não é por muito tempo.

Minha cama é de ferro branco e embutidas nela há duas luminárias, que aciono por meio de um botão. Estico o lençol como faço sempre, tenho paranoia de rugas sobre o colchão. Vejo um cobertor azul-claro embaixo da colcha creme.

Me deito e fico olhando aquele quarto. Além da minha cama há uma mesinha de cabeceira onde estão os meus livros, um biombo, uma poltrona azul, um sofá-cama para acompanhante, uma mesa com uma cadeira, um grande guarda-roupa embutido e um amplo banheiro.

Aquele seria meu quarto daqui por diante.

Tento dormir. Meus olhos vão de um lugar para outro, agitados. Viro de lado e me abraço com o lençol, como é de costume, não sinto o torpor nem o cansaço. Pouco a pouco o sono vai me vencendo. Penso na vida e na morte. E também no café da manhã do dia seguinte...

# Capítulo 3

— Paula, são 8 horas! Acorde por favor, Paula! Você quer descer para o desjejum?

A voz forte e decidida de Verônica me faz imediatamente sentar amedrontada na cama, sempre tive medo de autoridade e agora não era diferente.

Na penumbra vejo o cabelo ruivo daquela mulher alta, que me sorri enquanto me passa a medicação da manhã.

Fico indecisa quanto a ir ou não ao refeitório, não sei se é melhor continuar dormindo como sempre faço, não estou habituada a viver.

— Então, Paula, vamos levantar, tomar um banho e descer?

É visível seu otimismo.

Dormi um sono antigo. A medicação surtiu um efeito em mim que ainda não quero perceber. Sinto vontade de levantar.

Mas o pânico do banho toma conta de mim. Vou começar a me coçar, penso. Tenho de pedir álcool e algodão. Falo a Verônica sobre meu medo, ela carinhosamente diz que está tudo bem, que apenas estará presente para me ajudar.

Levanto e vou ao banheiro branco. Tiro minha camisola e entro no chuveiro, que fica dentro de uma banheira antiga.

Deixo a água escorrer pelo meu corpo e rezo para não me fazer mal, para não ser a agonia de sempre.

Passo o sabonete pelo meu corpo e lavo meus cabelos, sinto necessidade de estar limpa como aquele quarto, aquele banheiro que agora habito.

Saio do banho e me enrolo na toalha, meu corpo começa a pinicar, começo a me enxugar e sinto que posso resistir, que daqui a pouco vai parar.

Vou para o quarto e Verônica me aguarda, pego o álcool e o algodão e passo nos braços, não é o desespero de sempre. Me sinto aliviada. Não sei a quem agradecer.

Me visto com a calça preta e o casaco verde de gola rulê, é tudo muito simples, só tenho essas duas mudas de roupa.

A enfermeira me diz adeus e desço em direção ao refeitório.

Na mesa há uma cesta de pães, manteiga e geleia. A atendente me pergunta o que quero beber, respondo imediatamente:

— Café preto forte.

Ela diz que só servem suco ou chá com leite... O que vai ser de mim? Eu que tomo café o dia inteiro...

— Chá com leite, por favor.

A bebida é uma delícia, nunca tinha experimentado, e acompanhada de pão, manteiga e geleia mais ainda. Como muito e rapidamente.

Estou cada vez mais gorda. Não sei como parar.

Sinto uma ansiedade enorme por comida. Durante esses 11 meses, só abria os olhos para fumar e comer, principalmente doces. Inventei uma mistura que era creme de leite, achocolatado e biscoito em pedaços. Comia umas seis tigelas dessa sobremesa por dia, vários potes de sorvete, tortas variadas que eram pedidas pelo telefone por Rosa, além do café da manhã, almoço e jantar.

Sinto um beijo no meu rosto que afasta esses pensamentos, é Lúcia, a moça morena de ontem. Ela senta ao meu lado e me sorri com simpatia, é quase da minha idade, talvez uns anos mais velha, tem um rosto bonito, olhos puxados, nariz grande, cabelos castanhos e uma franja.

Me diz que entende português porque fala algumas línguas latinas, como francês e italiano. Diz que chegou ontem também, que começamos aquela jornada juntas.

Noto que tem no lábio inferior uma grande mancha roxa que toma seu queixo, ela me diz que estava bêbada em um bar e que caiu e se machucou na quina de uma mesa. Pergunto se ela é alcoólatra, Lúcia então me diz que apenas quando está desesperada bebe muito e tem apagões, que depois desse último episódio tentou o suicídio.

O alcoolismo e a adição às drogas são doenças conhecidas para mim. Sou dependente química. Quis dizer que penso que ela é alcoólatra, que essa doença não dá em gente que bebe todo dia, mas em quem perdeu o controle sobre sua vida por causa do álcool.

Desde adolescente bebo para tirar a ansiedade, comecei socialmente; aliás, nunca bebi dessa maneira, sempre causei algum estrago, se não naquele dia em algum outro qualquer.

Aceitei a minha doença tarde, quando fui internada pela primeira vez em uma clínica de 12 passos. Me falaram que a doença era progressiva e de determinação fatal, que matava desmoralizando.

Perdi muitos amigos, trabalhos, casamentos e oportunidades por causa das drogas, uma infinidade de coisas que dá um desgosto enorme só em pensar.

Tive várias recaídas. Nunca tive a humildade de pensar que havia chegado a um fundo de poço.

Não digo nada sobre isso a Lúcia, não por enquanto, sinto que está dolorida, cortada.

Pergunto a ela se não quer ir ao "fumódromo", ela entende e ri, todos depois vão chamar o nosso recreio por esse nome.

Acendemos os cigarros aliviadas do nosso sofrimento, ela diz que só dormiu com o reforço, entendo agora o que é isso, não sei se tenho essa indicação, durmo como uma pedra...

— Lúcia, estou conversando à luz do dia, sentada a uma mesa pela primeira vez em meses. Não sei o que está acontecendo e tenho medo de pensar. Me sinto bem. Quero olhar. Quero falar. É bom estar aqui sentindo o sol bater na minha cabeça, este frio em minhas mãos, o casaco protegendo meu corpo. Estou sentindo o movimento dos meus gestos como se estivesse me olhando do lado de fora.

Lúcia me abraça com força e chora no meu ombro por alguns minutos. Não me sinto constrangida como de costume pela proximidade repentina. Sinto aquele momento com toda a intensidade. O meu e o dela.

— Paula, não quero mais morrer. Não sou uma mulher que quer morrer. Tenho uma filha que amo muitíssimo. Estou frágil, desacreditada. Todos se afastaram. Estou sozinha. Só bebo.

Pensei na minha solidão. Eu também estava só. Neste momento só tinha Márcia para acreditar em mim, apenas Márcia.

Iran se aproxima e senta-se à mesa, este momento une para sempre Lúcia e eu, Iran parece entender, ficamos todos em silêncio por alguns minutos.

— Iran, você está lendo Jung? — pergunto.

Digo a ele que não quero ler nada muito profundo agora, ele me questiona no mesmo momento sobre a palavra profundo. Digo que quero ler algo simples, ele sorri tentando me entender:

— Quando digo simples não quero dizer fácil, banal, tive por muito tempo dificuldade com essa palavra. Penso que a maioria das pessoas chega às outras pela simplicidade. A forma rebuscada é boa, mas não aproxima tão facilmente. O simples é difícil.

Iran sorriu de um jeito bondoso, mas defendeu a ideia dos livros que lia.

— Paula, os livros profundos dão a dimensão de alguns sentimentos do ser humano que não se veem a olho nu. Às vezes dizem do absurdo da nossa existência, gosto de pensar as coisas, as pessoas, como tudo se relaciona ou absolutamente não se compromete.

Entendo completamente o que ele quer dizer, uma coisa não invalida a outra, mas agora não, agora quero estar aqui, olhar este jogo de basquete que os internos jogam alegremente. Quero almoçar e tomar suco de tangerina. Quero conversar com Iran e Lúcia, sem saber que horas são.

Almoçamos em uma mesa de 8, comemos falando animadamente, Carmem me dá a medicação das 13 horas, são cinco pílulas de várias cores, tomo aquele coquetel confiante.

Antes do horário da visita ficamos espalhados entre a sala de ginástica, a de TV, o pátio e o pequeno ginásio de esportes.

Iran, Lúcia, Maria e eu voltamos para o pátio e sentamos em volta da mesa. Acendemos nossos cigarros (como Dr. Kalina viria a brigar por essa repetição de movimento físico!) e começamos a conversar. Maria fala de suas bebedeiras no Rio de Janeiro:

— Frequentava um bar na Lapa. Tem um bairro que se chama Lapa, não tem? Bem, ficávamos em um botequim e dizíamos assim para o garçom, que queria que fôssemos embora na madrugada: primeira "saideira", segunda "saideira", terceira "saideira", depois "expulsadeira"... Éramos expulsos do lugar e não estávamos nem no nosso país.

Penso que loucos, bêbados e suicidas se entendem em qualquer língua, precisamos nos socorrer.

Maria adora o Brasil, me pede que cante a música *O que será*, de Chico Buarque, tento mas não passo da primeira estrofe. Os choques elétricos fizeram um estrago na minha mente. Lembro da frase de Guimarães Rosa que diz algo parecido com "perder a memória é igual a perder dinheiro". Fico triste. Sinto muita raiva dos médicos que fizeram essa indicação. Tomei uma sessão de 12 choques. Acordava às 5 horas da manhã e ia para o hospital sonolenta e medrosa tomar o que seria o meu último recurso, segundo o psiquiatra famoso que me olhou uma única vez prostrada em uma cama e diagnosticou uma depressão profunda refratária a medicações. O médico não se inclinou sobre mim. Lançou sua sentença do alto da sua genialidade e causou um mal em mim nesse momento irreparável.

Foi muito sofrida cada anestesia, entrar de cadeira de rodas, sair sem cabeça e sem coração, cada ritual para o acontecimento, o café da manhã como reparação quando tudo já tinha sido feito e só me restava o mesmo torpor e um silêncio ao redor dos pensamentos. O que aconteceu depois foi doloroso, não levantei como determinou com certeza o Grande Doutor, e, pelo contrário, dormi por mais 5 meses.

Não quero pensar nisso.

As visitas começam a chegar, no rosto dos internos vejo uma alegria, uma esperança. Trazem roupas, jogos e chocolates.

Alguns me apresentam seus parentes com entusiasmo. Sinto aquele espaço invadido por gente estranha, nunca fui muito sociável, me esforço para ser simpática como sempre faço. Tenho sempre essa sensação de estar sendo roubada na minha paz, de só gostar de gente que conheço e conheço bem. Fico restrita. Gostaria de ser mais simples. De deixar aproximar naturalmente. A clínica fechada propicia isso.

Márcia chega. Sinto uma felicidade enorme ao vê-la. Nos abraçamos por anos. Ela sente que algo mudou em mim. Sentamos em um banco de jardim em frente à única árvore existente e desato a falar:

— Márcia, estou muito feliz de ver você. Está tudo bem? O que fez ontem? E hoje? Você comeu direito? Está perdida em Buenos Aires?

Márcia ri muito. Diz que já mudou de hotel duas vezes, que está adorando sua estada em Buenos Aires. Que só quer me ver bem.

Márcia é minha melhor amiga. Nos encontramos há dez anos em um grupo de mútua ajuda. Márcia já estava limpa havia alguns anos e eu era uma recém-chegada. Márcia dava depoimentos contundentes, gritava em seus discursos, batia na mesa e eu ficava assustada.

Eu não tinha muita intenção de parar completamente com as drogas, e Márcia, quando passava por mim, mesmo me conhecendo pouco, gritava de onde estava:

— Você aí, menina, vai morrer se continuar com esse tipo de depoimento em cima do muro.

Eu a odiava, ou melhor, tinha medo dela e a última coisa que queria era me tornar sua amiga.

Os anos se passaram e nos aproximamos. Ela se tornou minha maior aliada. Ao contrário de tudo que pregava, passou a encobrir minhas fraquezas em nome de uma amizade incondicional.

Agradecido seja alguém que tenha um único ser humano por ele na vida. Entendi isso deitada em um quarto escuro. Nos 11 meses em que estive deitada naquela cama, não deixei ninguém se aproximar, nem Márcia. Ficar sozinha era necessário para que continuasse dormindo. Em maio Márcia conseguiu entrar no quarto e esperar. Dormiu do lado, no chão, dias e dias...

Agora não sei o que dizer a ela.

— Márcia, estou me sentindo bem. Quero lhe apresentar os meus amigos da clínica.

Márcia fala com todos, espontânea como só ela pode ser. Diz que amanhã iremos ao Brain Center, clínica do Dr. Kalina em Palermo. Nos despedimos, digo obrigada baixinho, nos abraçamos novamente. Ela vai embora.

Os parentes vão embora às 18 horas, deixando alguns pacientes chorando pelos cantos, outros contando nos dedos os dias que faltam para ir embora e mais alguns falando com outros o que se passou durante a visita. O clima é de fim de festa.

A clínica fica novamente vazia. É hora do jantar. Depois que nos sentamos não é mais permitido trocar de lugar. Separo rapidamente uma cadeira ao lado de Lúcia e Betina. Pisco para Daniel, que está em outra mesa, enquanto destampamos o pote de queijo e salpicamos essa delícia sobre o pão quentinho, escondido das enfermeiras encarregadas da *cena* aquele dia.

Comemos carne assada com batatas e legumes gigantes.

De sobremesa, banana ou tangerina.

Na mesa conversamos, Lúcia e eu, sobre nossa recuperação, apenas sei que faço o que as pessoas normais fazem. Falo, acordo, tomo café da manhã na mesa, tomo sol, coisas a que me desacostumei. Não sei se estou sendo forçada a isso. Não estou. Sinto uma rachadura no meu peito que é boa. Como uma tosse que expele uma gosma entalada na garganta que impedia de respirar. Estou respirando. Meu Deus!

Betina tem olhos azuis. Os mais bonitos que já vi. Como já disse, seu nariz é reto como o das mulheres gregas, seu rosto tem algumas sardas, seu cabelo é louro, ondulado até as costas, seus lábios são vermelhos, seus dentes são certos e cerrados. Seu olhar é geralmente fixo em algum ponto, pensativo.

Ela está grávida de 2 meses. Soube da existência do bebê na clínica, antes disso tentou beber veneno de rato, seu filho sobreviveu.

— Betina, você está bem? — pergunto a ela.

— Estou bem, um pouco confusa, não sei se quero ficar com o pai do meu bebê. A terapeuta me disse que ele quer se casar comigo quando eu sair daqui. Que está feliz por causa do filho.

— E você está feliz? — pergunta Lúcia.

— Não sinto nada — diz Betina.

Ela tem 32 anos, é bela, espera um bebê, existe um homem que aparentemente a ama e quer se casar com ela! A manchete da felicidade! Como não sabemos nada do lado de fora! Gostaria de gritar isso a toda a humanidade. Não se sabe nada a não ser com o coração do outro, e isso é impossível.

O problema era o olhar fixo de Betina, o pensamento dela, o que existia entre ela e aquele ponto que ela admirava.

Falo do meu filho, do quanto tinha sido difícil minha gravidez, que bebia todos os dias e tinha medo de que ele nascesse especial por minha culpa. Que, após ter ingerido álcool compulsivamente, tomava à noite dois, três litros de leite e que a mistura me dava náuseas. Que queria meu filho mais do que tudo, mas que tinha um medo horroroso que me paralisava.

Betina balança a cabeça afirmativamente e diz sem muita certeza:

— Vou ficar com o bebê. Está tudo bem. Está tudo bem comigo.

O que dizer a ela? Que meu filho é o que tenho de mais valioso? E é indizível este amor? Que vale a pena viver por ele?

Seria muita hipocrisia da minha parte. Não posso fazer isso. Sei quando tudo silencia e não há saída.

Durante anos André viveu os sobressaltos de uma mãe instável. De muito carinho para gritos terríveis. Minha preocupação passava dos limites prováveis e eu o cercava de cuidados, que não o sufocavam por sua personalidade irreverente.

Minha doença atuava permanentemente. Era muito nervosa ao cuidar dele. Foi extremamente sofrido vê-lo crescer e dar seus próximos passos. Tinha medo de que algo terrível pudesse acontecer.

Mas sua sensibilidade percebia meu amor imenso, e sei disso porque nunca nos deixamos, como ele diz na sua linguagem infantil "somos como cachorro-quente," ele é o pão, eu sou a salsicha.

Nos meses que passei fora da vida, a ele eram destinadas as únicas mentiras que dizia. Quando chegava da escola e colocava seu rostinho na porta entreaberta do quarto, eu falava:

— Filho, mamãe vai ficar boa. Acredite em mim.

Depois sentia uma culpa devastadora, meu amor não merecia passar por isso.

Preciso telefonar para André, falar com ele. Será que vai acreditar em mim depois de consecutivas mentiras? Ele já tem 14 anos, sabe pensar, não vai crer que em 72 horas sua mãe está fora de uma cama, agindo como uma pessoa normal. Sua mãe está doente. Sua mãe é doente, sempre foi. Sou uma mulher aparentemente forte, meio doida, que um dia inesperadamente deitou em uma cama e não voltou mais.

Vou telefonar amanhã. Preciso falar com ele. Mesmo que seja ainda para não dizer nada.

— Betina, não tenha medo. Nós estamos aqui com você. Há tempo ainda.

— Paula, é isso que penso, que não preciso ter pressa. Ainda não sinto nada. Nem o bebê. Mas não quero tirar. Está tudo bem.

Me despeço de Lúcia com um beijo e combino de nos encontrarmos à noite, ela não vai sair da clínica, a maioria dos internos não tem permissão para isso. Vou sair de manhã com Márcia, acompanhada de uma enfermeira, para um passeio pelas ruas de Buenos Aires. Depois irei ao Brain Center, tudo com a permissão do Dr. Eduardo Kalina.

O sol é amarelinho lá fora. Faz frio. Coloco o casacão e Luna me acompanha até o portão de ferro que leva à recepção. Estou ansiosa, é o primeiro dia em que vou sair. Ficamos minutos intermináveis em frente àquela muralha, enquanto Luna dá as informações de praxe no interfone até a porta abrir. Fugir dessa clínica é missão impossível. Encontro Márcia sentada com um sorriso, trocamos um olhar cúmplice sobre o fato de estarmos sendo escoltadas por uma enfermeira acompanhante. Márcia assina a autorização de saída e então abre-se a porta e piso nos degraus da escada do lado de fora.

Sinto o vento frio bater no meu rosto. A claridade intensa da rua iluminar os meus olhos como um *flash*. Vejo os edifícios antigos da rua Lezica. Todos os meus sentidos estão alertas e seguro fortemente no braço de Márcia para não cair. Ando olhando para tudo, as pessoas, os semáforos, os carros. Está tudo brilhante. Sinto minhas pernas andarem uma atrás da outra e meus braços acompanharem esse ritmo. Meu nariz respira o ar gelado. Ouço todos os ruídos da avenida.

A enfermeira que nos conduz é pequenina, jovem, tem olhos verde-escuros e cabelos pretos presos em um coque. Elizabeth é gentil conosco, mas nem de longe parece perceber o que acontece comigo naquele momento.

Digo a Márcia que estou embriagada, não é excitação, sinto apenas felicidade de estar ali andando naquela rua misturada àquela gente.

Entramos em um shopping movimentado na avenida Santa Fé. Estamos as duas às gargalhadas. Não rio com vontade há mais de anos. Não sorrio há meses. Estava enterrada e de repente... O que está acontecendo? Onde está o Dr. Eduardo Kalina agora?

A pequena enfermeira parece não entender o que se passa, eu e Márcia nos abraçamos como se fosse pela primeira vez. Percorremos as lojas e peço que compre uma bota curta para mim, já que não posso usar algo que tenha cadarço. Compramos um par de botas caramelo que seriam meus sapatos de guerra nos próximos dias.

Sentamos em um pequeno café e pedimos suco e *tostada*, uma especialidade dos argentinos, um misto quente com a massa bem fina cortado em quatro pedaços.

Elizabeth se despede. É hora de irmos para a clínica. Vou me encontrar com Dr. Kalina pela segunda vez.

O táxi estaciona em frente à placa Brain Center na rua Scalabrini Ortiz, em Palermo. Entramos na casa azul e amarela onde a recepcionista, uma senhora loura de óculos, chamada Laura, nos recebe. Sentamos em uma sala de espera apenas por alguns minutos, tempo bastante para eu ler vários cartazes antitabagistas espalhados por todo o lugar junto de outros sobre abuso de drogas e depressão. Fico impressionada com as notícias sobre o fumo. Elas mostram informações que nunca tinha tido e fotos realistas.

Laura nos diz para seguirmos em frente e subirmos uma pequena escada à direita. Passamos por um corredor. Percebo que na clínica do Dr. Kalina trabalham inúmeros profissionais da área psiquiátrica, vejo máquinas para exames e computadores distribuídos pelas salas. Os médicos acenam para nós de algumas portas entreabertas. Passo por uma placa e me detenho, lá está escrito: Dra. Silvia Kalina.

Ao pé da escada, sorrindo para nós com as mãos nos bolsos está meu médico. Subimos e entramos em um grande recinto cheio de diplomas e porta-retratos.

Dr. Kalina senta-se confortavelmente na sua cadeira giratória, segura a mesa com as duas mãos, olha para mim sorrindo e pergunta:

— Então, Paula, como está?

O que digo a esse homem? Ele me olha zombeteiro.

— Dr. Kalina, não sei o que acontece.

Não consigo mais não chorar.

Ele fica em respeitoso silêncio.

— Onde o Sr. estava por todo esse tempo? Por que eu e meu filho precisamos viver essa dor? A que horas essa doença vai voltar?

— Calma, Paula, calma — diz Dr. Kalina, com o seu jeito peculiar. — Me permita agora falar algumas coisas a você. Sua doença está caminhando para a estabilização. Você pode ficar tranquila. Nós vamos agora cuidar de você. Faremos um mapeamento cerebral, exame de sangue, teste de memória, de coração, veremos como você está depois de ter ficado 11 meses sedentária.

Nenhum psiquiatra se importou com a minha saúde de modo total, depois saberia que essa é a linha de pensamento do Dr. Kalina a respeito da medicina.

— Dr. Kalina, o que é que eu tenho?

— Paula, você não é uma menina má. Você é portadora de uma doença. Paula, você é bipolar.

# Capítulo 4

É claro que já sei algo sobre essa doença. Os psiquiatras que me trataram no Brasil já me diagnosticaram como bipolar, entre outras patologias como depressiva, *borderline*, distímica, dependente química com sequelas graves etc. Era apenas uma palavrinha no meio de tantas outras sem significado tanto para mim quanto para eles.

Uma revelação como essa nos deixa, a mim e ao Dr. Eduardo Kalina, por duas horas em uma sala fechada, falando sobre o que ele chama de uma conversa importante para que eu saiba mais sobre o que me leva a ficar tão debilitada.

Ele me diz que é uma doença mental que em mim se caracteriza por fases de mania e depressão. Que é tratável e que minha fórmula de medicamento tem de ser manuseada como um pequeno relógio suíço, que tínhamos acertado. Apresento períodos de grande irritabilidade, aceleração, outros de muita depressão, principalmente fugindo do estereótipo da euforia, apesar de essa sintomatologia ter se apresentado em alguns momentos da minha vida, o que foi terrível também.

Não poderia jamais tomar vários antidepressivos, os bipolares aceitam poucas famílias dessa substância. E mesmo as dosagens de estabilizadores precisam ser bem ministradas, porque podem levar ao estado de sonolência. Lembrei de outro renomado médico que me dava doses cavalares de Seroquel, um estabilizador indicado para casos como o meu, mas era tão mal ministrado que me fazia dormir por dias seguidos.

Diz que não receitaria tratamento de choque elétrico para o meu caso mesmo sabendo que essa é uma indicação para os pacientes que estão em profunda depressão.

Dr. Kalina me fala que o critério dos tratamentos a que fui submetida estava errado, eu escutei dentro de mim que fui muito mal tratada por "grandes" psiquiatras.

Eles ganharam muito dinheiro com minha incapacidade física e mental.

Dr. Eduardo Kalina atende aos meus pedidos de esclarecimento, preciso entender por que fiquei tanto tempo em uma cama, minhas obsessões, meu comportamento impreciso.

Ele então me diz que vai contar com uma ajuda valiosa neste momento. Que preciso saber muito mais. Pega o telefone, disca três números e nos diz para esperar um pouco.

Márcia não parece surpresa, sempre me falou sobre a psicose maníaco-depressiva, PMD, percebia minhas compulsões e me alertava. Nesse tempo brigava com ela e ficava com muito medo.

Dr. Kalina nos explica que PMD é uma denominação antiga ou ligada a estados em que há psicose tanto em episódios maníacos quanto depressivos. É o estágio mais grave da enfermidade.

A porta se abre. Uma mulher alta, magra, muito branca, de cabelos lisos e negros, entra na sala. Ela tem olhos castanhos, nariz longo e sorriso aberto. Silvia Kalina é psiquiatra e mulher do Dr. Eduardo.

Está vestida com uma calça cáqui, uma blusa preta de mangas compridas, botas de couro de saltos finos. Tem no dedo médio um grande anel de prata.

Silvia me beija no rosto e diz que é um prazer me conhecer. Dr. Kalina fala a todos que inicio meu tratamento no Brain Center. Farei todos os exames, mapeamento cerebral, avaliação neuropsicológica e também começarei terapia intensiva com a Dra. Silvia.

Ela me olha com ternura. Me pergunta se pode estar no meu quarto amanhã às 9 horas. Concordo. Meu primeiro encontro com ela será na Clínica Santa Rosa.

Minha amiga Lúcia está sentada embaixo da nossa árvore. Me sinto feliz em estar de volta. Nos damos as mãos e digo a ela da descoberta da minha bipolaridade. Lúcia me deixa falar por minutos seguidos, acompanha meu relato com seus olhos profundos a me procurar e é isso que me encoraja nesse momento, essa curiosidade sobre mim. Me pergunta se estou aliviada, digo que não sei. Que só quero sentir essa possibilidade de ser feliz novamente. E que por enquanto é só uma possibilidade. De estar viva. De estar ali. Com ela.

A noite está escura e vejo a fumaça dos nossos cigarros se misturar. Gosto de Lúcia. Da paz que sinto.

Digo que vou dormir. Antes ela me fala da sua filha, de quanto a ama e do tanto que se sente culpada por tudo isso. Digo a ela para confiar no tempo, no seu amor. Que isso também passará. Nos beijamos e nos damos boa noite.

Acordo olhando o pedacinho azul recortado na janela. Estou atrasada como sempre! Tenho de tomar café da manhã rapidamente e subir de volta para o quarto. Engulo o pão com manteiga com um pouco de suco e volto para o dormitório, onde me sento compenetrada olhando em volta para ver se está tudo em ordem. Meus livros fazem uma pilha em cima da mesa e acho melhor guardá-los.

Batem na porta. Dra. Silvia entra cuidadosamente e diz com seu sotaque carregado:

— Olá Paula, tudo bem?

Beijo o seu rosto e sentamos frente a frente. Ela na cadeira perto da mesa, eu no sofá azul.

— Paula, vamos começar uma terapia. Quero saber como está. O que pensa. Quais são suas ideias agora. Qualquer coisa que quiser falar. Quero tentar ajudá-la.

Olho para o seu anel de prata e imagino que é uma mulher elegante. Por que penso coisas idiotas em momentos importantes da minha vida?

— Silvia, o que fiz com a minha vida? Como posso agora dizer a todos "me desculpem, sou bipolar"! Joguei meus casamentos no lixo, minha carreira na estrada, meus amigos no ralo.

Não sei como começar.

— Paula, devagar. O que aconteceu com seus casamentos?

— Fui casada duas vezes. O pai do meu filho, Marcos, foi um amor bonito, talvez o mais forte da minha vida. Nós nos adorávamos, éramos companheiros de todas as horas. Éramos cúmplices. Como tudo em minha vida, foi um relacionamento turbulento que terminou pelo nosso uso abusivo de álcool e drogas. Nossa dependência química destruiu nossa família, nossa casa e todos os planos que tínhamos de uma história feliz.

Depois de Marcos tive alguns namorados, um rapaz mais novo do que eu, que sofreu muito com minha agressividade.

Mas foi há algum tempo que conheci Ricardo, um homem muito bonito, com quem me relacionei nos últimos anos antes de cair doente em uma cama.

Ricardo era sedutor. Me apaixonei nos primeiros dias em que começamos a sair. Após três semanas já estávamos morando juntos. Todo esse relacionamento seguiu os meus impulsos. Ficava horas a olhar seus olhos, suas mãos, seus gestos.

Quando encontrei esse homem, meu pai havia acabado de falecer, eu estava frágil e tinha herdado os seus bens.

Me deslumbrei e vivi com Ricardo tudo o que o dinheiro podia proporcionar.

Meu companheiro não trabalhava. Enquanto eu dava aulas e dirigia teatro constantemente, ele se embrenhava em estudos de filosofia oriental e práticas religiosas. Eu o olhava fascinada. Ele era inteligente e articulado.

Era possessiva e ficava inquieta com qualquer possibilidade de fuga de Ricardo. Fantasiava sua partida para outros lugares. Ele tinha sido um nômade. Tinha tido diversas profissões. Não percebia quem estava perto de mim, estava obcecada.

Quando nos conhecemos, vivemos um grande amor. Noites abraçados dentro da piscina, molhados no terraço cantando *hare krishna*, meditando, lendo os mesmos livros, tínhamos uma troca intelectual rica. Com o tempo Ricardo ficou frio. Pensei que era seu jeito e não acreditei no que realmente acontecia. Ricardo não me amava mais.

Sempre disse que ele foi um explorador. Hoje sei que nunca permiti a Ricardo ser independente. Nós dois fomos culpados por esse casamento não ter dado certo. Vivi essa relação com muito medo. Minha doença estava atuando durante toda a nossa convivência, meus pensamentos obsessivos, meu comportamento compulsivo, minha agressividade.

Ele me deixou e eu não estava preparada. Então aconteceu o pior. Fiquei em um grande apartamento, eu e meu filho, solitários. Os empregados entravam e saíam porque ninguém aguentava meus gritos e minhas lamentações, meu choro convulsivo. Minha única testemunha fiel era Ovídio. Durante a noite eu mordia o cobertor e olhava a noite inteira aquela TV ligada com imagens de lugar nenhum.

Comecei a trabalhar durante o dia furiosamente na direção de uma peça de teatro e a tomar indiscriminadamente um determinado antidepressivo que me agitava. Era uma pessoa desconhecida de mim. Criava desordenadamente uma obra, que para minha sorte era maldita, e maltratava os atores que tentavam me dar um suporte percebendo que estava ocorrendo ali algo muito estranho. Sofria muito. Sentia um amor raivoso. Cuspia em cada fração de tempo que passava longe de Ricardo. Tudo era invalidez. Tudo era sujo. Os únicos momentos valiosos eram os em que planejava tê-lo de volta ou ainda quando chegava à noite à minha casa. Batia a porta e rapidamente entrava no quarto, onde me trancava madrugada adentro. Ligava a televisão em um canal de leilão de joias. Ficava encantada com todas as peças que os apresentadores mostravam no vídeo. Comecei a dar lances. Todos os dias repetia o comportamento. Sentia uma satisfação absoluta quando por telefone conseguia ultrapassar alguma outra pessoa e arrematar um anel ou um bracelete.

As caixas iam chegando em massa na minha casa, dava desculpas a Ovídio e o presenteava com relógios, como fazia com meu filho. Passava cheques altos ou comprava com cartões de crédito.

Minha paixão eram os brilhantes e os rubis. Colares e brincos de princesa. Quando o programa demorava a ir ao ar, telefonava para a emissora reclamando, já ansiosa para fazer a primeira compra. E então iam se sucedendo os dias e os meses. Passaram-se dois anos. A falta de Ricardo doía na alma. As compras na TV não cessavam. Perdi grande parte do meu patrimônio. Nunca me importei com joias. Ficaram todas guardadas em um cofre. Gostaria que me vissem agora, nua de qualquer prepotência. Sinto uma dor enorme ainda.

Por tudo que se passou. Desde então me fechei. Estive sozinha por todo esse tempo.

— Paula, você estava em uma fase de mania. A doença estava agindo em você por meio da sua obsessão, da sua compulsão. Você vai recuperar sua vida. Nesse momento só precisa ter muita calma. Precisamos desarmar pensamentos que atormentam, fazem mal e não coincidem com verdade alguma.

Não consigo parar de chorar. É tudo tão doloroso. Se pudesse voltar atrás... Penso nessas pessoas que dizem não se arrepender de nada que fizeram. Acho impossível. Voltaria mil vezes. Amaria melhor centenas de vezes.

São 10 horas. Silvia se levanta. Ela segura minhas mãos. Diz que me espera em sua casa no dia seguinte à noite. A terapia acontecerá sempre em lugares diferentes.

Desço para o "fumódromo", quero conversar, ver gente igual a mim, pessoas que chegaram à linha divisória com a morte, e eu que nunca pensei em falar assim, dizer isso.

Vejo a roda de internos atrás do vidro esverdeado, abro a porta e sento ao lado de Uruguaia. Ela é alegre, mais do que isso, é quase histérica, ri o tempo todo, como a maioria das pessoas ali, é muito bonita, morena, tem cabelo negro e muito liso, olhos esverdeados, nariz arrebitado e um corpo cheio de curvas. Uruguaia tem 28 anos.

— Quando sair daqui, vou continuar a fumar maconha. Preciso de algo para me acalmar, cara, meu ritmo é muito acelerado. Você me entende, Paula?

Uruguaia começa a rir desenfreadamente.

— Você deve tentar se tranquilizar procurando algo novo. Não acredito nesse remédio.

— E você, Paula, está melhor? — pergunta ela.

— Neste momento, não. Mas no próximo, sim. Não estou deprimida, saí dessa fase e isso é maravilhoso. Estar fora da cama é uma realidade tão nova que é uma surpresa falar, ouvir você falar, sentir o frio, olhar os objetos e as coisas. Não conseguia fazer nada. Sobrevivia.

— Mas agora você está viva. Então vamos pular, vamos dançar!

Uruguaia aumenta o volume do radinho de Lobo e me puxa pelas mãos. Começa a rodopiar na minha frente. As pessoas em volta da mesa riem muito. Ela é esfuziante. Como alguém assim pode ter atentado contra a própria vida?

Saio andando e vou sentar ao lado de Iran, que está lendo em um banco no pequeno pátio. Vejo a capa do seu livro, são haikais chineses. Ele fecha o livro e me dá um sorriso de boas-vindas. Seu semblante é sempre calmo e ele parece equilibrado demais para estar ali.

— Iran, por que você está internado na clínica?

— Tentei o suicídio dirigindo um carro. Joguei o automóvel contra um grande monumento do governo e hoje estou sendo processado. Coloquei em risco a vida de algumas pessoas, além da minha. Estou aqui também por ordem judicial. É só.

Senti que ele não gostaria de falar mais sobre isso, não sei se houve mortes nesse acidente. Como apenas um momento pode pôr a perder quase todos os outros momentos de uma vida! Iran estava sofrendo. Tentou se matar. Foi irresponsável porque estava doente. Mas como dizer isso agora? As explicações são tardias. Gostaria que algumas coisas revivessem. É apenas uma esperança.

— Iran, aprendi duas palavras valiosas que estou usando ainda sem muita credibilidade: vai passar.

Iran sorri enigmaticamente. Me olha e pergunta:

— Onde estão os seus tarôs?

— No quarto, por quê?

— Você pode abrir o tarô cigano mais tarde para mim?

— Com todo o prazer.

Cristina, a adolescente gorda da clínica, está passando, ouve a conversa e grita:

— Também quero! Abra o jogo para mim.

As pessoas que estão na roda perto do vidro vão se deslocando em nossa direção. Uruguaia, Daniel, Túlio e Lobo.

— Paula joga tarô — diz a gordinha.

— Também quero! — gritam todos.

Olho desesperada para Iran. Vão me desligar da clínica! Consultas a serem marcadas com "Maya, a deusa das causas dos suicidas anônimos".

Todos me rodeiam. Delicadamente digo a eles que não é possível, que ali não é permitido. Lúcia pergunta o que acontece e não livra a minha cara.

— Paula, quero que abra o tarô do Osho para mim. Podemos fazer isso no refeitório do segundo andar, onde comem os outros internos. Lá está sempre vazio. Ficarei com você. Serei a primeira, depois receberei os demais. Vocês subirão um a um para não causar tumulto. Paula atenderá a todos.

Marcam para o dia seguinte à tarde. Os internos satisfeitos se distribuem pelo lugar, Lúcia me olha marotamente.

— Lúcia, jogo o tarô intuitivamente, sou uma estudiosa. Como vou falar de alguma tendência negativa para eles, que estão em um momento tão delicado de suas vidas?

— Paula, você saberá a maneira de falar. Será bom para você voltar a ler o tarô.

Começamos a rir.

Há alguns dias todas as coisas parecem fáceis, como realmente precisam parecer ser. A vida deve ser assim. Tenho certeza disso. Tenho pena das pessoas nervosas. Sou uma delas. Me tornei uma delas. Quero tirar essa pele terrível. Preciso falar do medo com Silvia. Esse é meu pensamento obsessivo, o medo da ruína em todos os aspectos. O medo do mal em mim. Não de mim. Do outro para mim. Então me defendo. É terrível. Tenho no medo meu melhor amigo, meu companheiro de todas as horas. Durmo e acordo com ele. Vamos à praia e às compras. Ele determina meus amores e meus rompimentos. Meus sucessos e meus fracassos. O medo reina absoluto sobre a minha vida e ocasiona a minha morte. Não me movimento com espontaneidade, ando pesadamente pela sala esperando pelo inevitável e o medo ri de mim. Agora estou aqui, meus ombros estão leves, as imagens são coloridas e estranho meu ser. Estou livre. Neste momento, estou livre. Sinto um alívio que passa pelos braços, pelas pernas e costas, pelos cabelos. Olho para Lúcia com todo o amor que sinto.

— O que você quer fazer agora?

— O que acha de experimentarmos o restaurante? O almoço está sendo servido.

Saímos relaxadas.

Fim de tarde. Márcia me espera na recepção da clínica. Estamos ansiosas como sempre para nos vermos. Todo dia é assim, como se fosse pela primeira vez, tanto tempo que perdi. Lá fora acenamos para o táxi amarelo e preto, estou apaixonada por Buenos Aires, seus carros antigos, sua arquitetura e seus cafés. Sinto gratidão por cada pedaço do seu céu, das suas calçadas. Uma cidade que nasceu para mim. Digo ao motorista para irmos à rua Frederico de la Crosse, residência de

Dra. Silvia e Dr. Kalina, lá ela tem um espaço para receber seus pacientes. Será minha primeira terapia em sua casa. Entramos no elevador e apertamos o botão do quinto andar. Silvia abre a porta e nos recebe com toda a gentileza. O que sinto ao entrar neste grande recinto é segurança, tudo o que me cerca é solidez e aconchego. O apartamento é todo atapetado, são inúmeros os porta-retratos, as figuras indígenas, as referências de países distintos. Quadros exóticos enfeitam as paredes. Existem livros e revistas estrangeiras por todos os lados, tudo me parece familiar e desperta minha curiosidade. Ela abre uma grande porta, que divide a sala do escritório, e me faz sentar em uma cadeira atrás de uma mesa de madeira tosca, me oferece água gelada e café descafeinado, que aceito, me faz sentir relaxada e bem naquele universo tão particular que é sua casa e que me transmite um bem-estar enorme.

— Silvia, pensei muito na nossa última terapia. Não consigo aceitar o que aconteceu comigo. A compra compulsiva das joias, a perda do meu patrimônio, minha irresponsabilidade. Não sei o que acontecia comigo. Como podia sentar em uma cama com um controle remoto nas mãos, um telefone na outra e ficar a madrugada comprando ouro e brilhantes, naquela agonia? Necessito me perdoar para não enlouquecer.

— Paula, você não podia deixar de comprar as joias apesar da culpa que já sentia. Tenho certeza de que naquele momento tinha o impulso e o contraimpulso, mas não podia deixar de fazê-lo. É isso que tem de entender. Estava muito doente. Vamos ver o que podemos fazer agora. Pode recuperar-se emocionalmente e também reerguer-se financeiramente.

— Foram muitas coisas que me derrotaram. Quando estive agora deprimida na cama tinha a sensação de não ser mais possuidora de nada. Dinheiro nenhum, casa alguma. Uma sensação de incapacidade que alimentava todo o meu corpo. Não tinha forças para levantar e andar. E andar para quê? Não tinha para onde ir, tive uma crise de pânico. Todos queriam me fazer mal, me punir. Estava sem saída. É uma solidão sem igual. Ninguém para ajudar. Porque não tinha jeito. Era o fim, era a morte.

— Você tem predominância depressiva na sua bipolaridade, Paula. Agora está se estabilizando. Acredito que várias circunstâncias ajudaram você a formar esse quadro tão doloroso que foram esses últimos anos da sua vida.

— Não vou esquecer nunca essas perdas. Vou falar delas até achar uma saída. Agora sinto prazer com o ar, tenho respeito por ele.

A terapia acaba. Marcamos para o dia seguinte na Clínica Santa Rosa. Silvia cada vez parece se tornar mais necessária.

No refeitório do segundo andar os internos fazem fila para o tarô. Lúcia pede para que eles se dispersem, mas é inútil. Eu sentada à mesa tento me concentrar, ao mesmo tempo que rezo para que nenhuma enfermeira desconfie do que está acontecendo.

Adoro o tarô e suas cartas mágicas, me inspiro e acredito nas suas previsões. Abro as cartas para cada um. Eles querem saber sobre uma nova vida. Se vão ser felizes. Alguns querem saber quando sairão da clínica, penso em como gostaria de adiar minha saída daquele lugar. Não estou preparada. Ainda não. Outros gostariam de saber de seus amores, suas mulheres e seus homens, alguns outros ainda de trabalho e dinheiro. Tudo o que cerca o ser humano: amor, trabalho e dinheiro. Hoje penso primeiro no milagre... Não vou esquecer nunca de como é estar viva. Não quero esquecer essa sensação, é ela que me impulsiona. Minha primeira emoção. Mais tarde o tarô não faria sentido para mim.

Estamos agora todos no pátio da clínica, Daniel está agitado como nunca, joga seu corpo contra o vidro e volta rindo, denunciando uma excitação que faz com que me paralise e fique olhando, tentando pensar em algo a fazer, mas o quê? Com o tempo se torna possível ver os momentos de cada pessoa trancafiada dentro do lugar em que me sinto tão protegida. Existem pacientes que estão há meses ali. Há anos.

A maioria das pessoas que encontrei estava dando fim à própria vida e foi salva. Olhei nelas o mesmo desejo de uma nova chance com que eu tanto sonhava. Mas na clínica havia outros casos também, esquizofrenia, enfermidades em estágio avançado que traziam muito sofrimento e que não possibilitavam esperança. Olho pessoas perdidas, que não sabem quem são. Por um momento, quando estava na cama, cheguei a perder minha identidade, fechava os olhos e imaginava outra pessoa, outra vida, uma loucura sem fim.

Poderia ter ficado louca. Não me assusta o que vejo. Ao contrário, me sinto perto. A insanidade é uma fuga possível para longe do medo. As enfermeiras cuidam, os remédios acalmam. Os hospitais dão abrigo. Sei como ficar doente. A covardia é a mãe desse grande abismo, sei onde mora esse lugar. Tenho de tomar cuidado. Com os meus pensamentos. Agora vou dormir. Rumo ao meu quarto.

## Capítulo 5

No meu quarto à noite faz frio, apesar da calefação. Um frio delicioso. Sinto o gosto da cama. O cheiro do travesseiro limpo, o toque do cobertor cor de creme, o gelado do lençol branco nos meus pés. Nunca pensei em deitar e ficar assim, agradecendo essa possibilidade de sentir coisas pequenas e gostar delas. Dormir bem. Acordar e acordar. Tomar banho e sentir a água correndo pelo meu corpo sem pressa, gostar do contato das minhas mãos na minha pele. Conversar com pessoas estranhas em outra língua e tentar entender. Tentar me fazer entender. Rir das piadas com leveza. Ler o livro do Mario Prata e o tarô do Osho. Andar pela cidade olhando as pessoas. Os lugares. Comer coisas gostosas devagar. Saber o que estou comendo. Ficar estável. Nascer. Verbo que não é mais único. Que me dá mais uma chance. Falo de novo em um milagre. Tenho certeza de que no dia 18 de junho de 2007 houve uma grande decisão em um lugar distante. Uma sentença que dizia que iria ser salva. "Vai ser aquela ali que está deitada naquela cama." A misericórdia é maior do que o milagre.

De manhã no refeitório como vorazmente meu pão com manteiga e geleia de goiaba. Daniel divide comigo o bule de chá com leite.

— Ontem estava louco, não conseguia parar meus braços, minhas pernas, queria sair da clínica. Quero transar com uma mulher. Tive de tomar vários reforços. Fiquei acordado até muito tarde na madrugada, quase bati na porta do seu quarto para conversarmos. As enfermeiras não deixaram.

Daniel fala de uma maneira espontânea, é um rapaz de 25 anos. Penso que é hiperativo e que já usou drogas, o que causou maiores problemas para ele. Não sei bem. Ele é muito agitado. Gosto do jeito dele. Aliás, como já disse, me identifico com a impulsividade e com a loucura. Me despeço do meu amigo e vou para o meu quarto esperar Silvia para uma nova terapia.

— Me identifico com a loucura. Estou pensando muito sobre isso. Sou dependente química. Sempre gostei de drogas. Gostava de ficar doida. De sair de mim, de ficar bêbada. De ficar alterada. Não sei se isso tem a ver com minha bipolaridade.

— Paula, você, com o comportamento bipolar depressivo, procurava as drogas para ficar eufórica. Você viveu sempre de empréstimos. Depois ficava empobrecida.

— Procurava as drogas porque tinha depressão?

— Sim. Mas você é dependente química.

— Silvia, para além das doenças que eu porto sempre senti em mim uma vontade de transgredir. Cometo desatinos bebendo e cheirando cocaína. Desde sempre escolhi a euforia. Quando era adolescente andava com as piores companhias do bairro, fumava maconha e já bebia pesadamente. Como você disse, desde cedo já comecei a viver de empréstimos. Claro que tive bons momentos, é uma época linda da vida, mas, como diz Strindberg, consegui emporcalhar tudo que recebi. Tinha relações já muito doentes naquele tempo. Tinha uma amiga chamada Claudia, ela era loura de olhos muito azuis, eu a controlava desesperadamente, tinha um amor por ela imenso, mas a obrigava a uma fidelidade absurda. Tínhamos 20 anos. Saíamos juntas todos os dias. Não nos desgrudávamos. Era uma amizade obsessiva. Nesse tempo experimentamos os primeiros ácidos lisérgicos, me dava bem com qualquer droga nova, ficava alegre e descobria saborosas sensações. Se soubesse o que me seria cobrado no futuro... mas não se sabe nada. Penso que a mente vai se desgastando, vai enlouquecendo. Despercebidamente.

— Sim, Paula. Mais tarde haverá uma cobrança. Não há um dependente químico que possa se drogar impunemente. É muito perigoso um alcoólatra que bebe.

Silvia termina a sessão e me deixa no quarto sentada no sofá azul.

Passava minhas férias com meus avós maternos em Fortaleza, longe da turbulência e das brigas dos meus pais. Era um tempo bom, em que sentia o alívio de me ver livre deles. Nos fins de ano da minha infância morava em um grande casarão com um jardim imenso. Adorava brincar sozinha. Inventava histórias e vivia aquilo como uma novela diária. Tinha muitos esconderijos e aquele jardim era palco para sonhos maravilhosos que tive para mim. Enquanto minha irmã gostava de bola e de patins, eu preferia vestir personagens em frente à penteadeira antiga da minha avó, pedia emprestadas suas roupas e passeava pelos canteiros das flores contando histórias para mim mesma que já me deixavam com um sentimento de euforia. Inventava homens e mulheres infalíveis, folhetins entre a vida e a morte, sempre coisas e fatos inatingíveis. Procurei essas sensações depois com as drogas.

Quando adolescente, me dividia entre minhas aulas no Rio de Janeiro e as férias no Nordeste, já havia descoberto que ficava sociável com a bebida. As pessoas gostavam de mim e eu gostava delas mais facilmente. Era um tempo bom. As anfetaminas também ajudavam nas provas do colégio. Experimentava as drogas devagar, sempre me envolvendo com pessoas que também tinham a mesma curiosidade que eu ou que fossem experientes. No Nordeste era tudo uma festa, a descoberta da beleza das praias e de seus entardeceres com muitos baseados entorpecedores, vivia rindo de nada. A vida acontecia em cores berrantes e meus parentes ficavam preocupados, não sabiam que dimensão dar a isso.

Era tudo uma grande zona. Certa vez estávamos indo para uma praia no interior do Ceará, eu ia na caçamba de um carro, em volta muitos amigos, morríamos de rir. O carro ia a toda velocidade. Tínhamos muito lança-perfume, muita cachaça e maconha. Passávamos pelos postos policiais e dávamos vivas de alegria. Era tudo alegria. Pensava que todos os adolescentes se divertiam assim. Estava enganada. O perigo sempre esteve ali. Está agora aqui. Depois de algum tempo aconteceu o inevitável, descobri a cocaína. Essa substância é misteriosa, quase que palpável. No início dá a impressão de pura inocência, um bem-estar, uma sensação de que as coisas deveriam apenas ser daquela maneira. Pensava que tinha nascido com uma dose a menos. A cocaína avança devagar como uma gata. Eu me apaixonei por ela. Foi assim que comecei. Muito devagar. Inalava nas festas, nos encontros sociais, nos banheiros dos bares do Rio de Janeiro. Me viciei. Aos 30 anos, fui apresentada a uma traficante, aprendi a comprar cocaína. As coisas então se complicaram. Comecei a cometer insanidades. Usava agora a noite toda, trancada em um quarto. A relação com as pessoas se tornou confusa, me tornei irascível, mal-humorada. Vivia aos gritos pelo mundo, ficava bem apenas quando estava sob o efeito do pó. Entre meus colegas de trabalho os rumores eram que eu não estava nada bem. Perdi grandes parceiros. Continuei criando quase que solitariamente. Poderia ter crescido mais em todos os sentidos. O álcool e a cocaína fizeram um estrago irreparável em minha vida. Os escândalos foram muitos. As vergonhas. As perdas. Inúmeras foram as internações. E não aprendia. Necessitava me punir pelo que havia perdido, perdendo ainda mais. Nada me parava. Hoje penso "meu Deus!". Lembro da fala de Samuel Beckett: "É tempo de se decidir a não mais errar"...Era apenas uma decisão que nunca fora tomada. Sei que é uma doença. Foi preciso me enterrar em uma cama para entender o que estava fazendo com minha vida. Foi preciso ser diagnosticada como uma paciente com distúrbio bipolar para ser detida de uma morte iminente. Sei que minhas alterações de humor me dificultaram ficar limpa das drogas, meus períodos de depressão e mania.

Olho agora cada objeto que me cerca. As portas, a mesa, os livros, a cama. Testo meus olhos. Ouço os ruídos lá fora. Os pacientes sobem e descem pelo caracol, alguns se aglomeram na enfermaria reclamando sua medicação. Sinto o cheiro de lavanda do quarto, tudo limpo. Levanto do sofá bem-disposta, vou lavar o rosto, pentear os cabelos. Visto o casacão e me dirijo à enfermeira pedindo meu batom. Quero estar bonita. Hoje vou passear sóbria pela cidade com Márcia. Sentir minha sobriedade. Vamos andar pelo bairro de Palermo, conhecer mais Buenos Aires. Dr. Kalina me permite que eu saia da clínica e incentiva que viva mais um pouco a cada dia.

Márcia e eu estamos no Café Lucius para almoçar. Não peço para olhar o cardápio, já sei o que quero: bife de chorizo e *papas* fritas. A carne argentina é a melhor do mundo. Sempre recuso convites para ir a uma churrascaria. Mas aqui é irresistível. Minha amiga pede o mesmo que eu, e ficamos assim saboreando nossos pratos, conversando sobre a vida. Evito falar sobre minha volta ao Brasil, não sei quando nem como será isso. Por enquanto olho as luminárias antigas e duvido de mim, se vou pedir uma panqueca de doce de leite. Um aparte apenas para falar do doce de leite da Argentina. Essa é a delícia das delícias. De cor marrom-escuro, é leve e suave. Não vou resistir. Sei que um regime severo me aguarda. Me entristece olhar e sentir um corpo que não é meu. Não vou pensar nisso agora. Há tempo, como diz Silvia.

Pedimos a conta e saímos do restaurante em direção à rua. O vento bate no meu rosto e adoro essa sensação de liberdade. Vamos andando pelas calçadas olhando as lojas, comentando tudo o que vemos. Os nomes engraçados das coisas. Vejo que em cada esquina de Buenos Aires há um café, no Rio de Janeiro a cada quarteirão há um botequim. Penso nas pessoas bebendo cerveja nas calçadas, o que é parte da nossa cultura, lembro-me daquela canção que diz assim: "Os boias-frias/Quando tomam/Uma birita/Espantando a tristeza/Sonham/Com bife a cavalo/Batatas fritas/E a sobremesa/É goiabada cascão/Com muito queijo/Depois café, cigarro e um beijo/De uma mulata/Chamada Leonor."

Entro em uma cabine, pego o telefone e disco para minha mãe no Brasil. Ela não acredita no que ouve. Meu afeto. Choro muito ao telefone. De amor e alegria. Essa felicidade boa que não é mania. Alegria de ouvi-la. De falar com ela. Minha mãe é uma grande amiga, é o único pensamento que me ocorre no momento. Ela me ama muito. Sofreu demais por minha causa. A instabilidade da bipolaridade causa muita dor a quem convive com essas pessoas. Minha depressão vinha carregada de agressividade. E minha mãe foi meu maior alvo. Falo algumas palavras com ela em espanhol, rimos juntas, sinto que ela tem dificuldade de me reconhecer. Percebo que tinha me tornado um monstro. Hoje quero me apresentar às pessoas. Será que ainda posso entrar nessa festa? Telefono para meu filho, ele me atende carinhosamente. Trocamos palavras de amor. Ele não me pergunta nada. Sempre foi assim. Como se não quisesse me incomodar. Como quero correr para ser mãe dele novamente! Ovídio vem ao telefone e diz que os dólares foram achados amassados dentro de um maço de cigarros embaixo da minha cama. Rosa quer me fazer passar por louca. Já não é mais importante. Peço a meu querido e fiel amigo que guarde o dinheiro para mim, tomarei as medidas necessárias quando chegar. Prova difícil será essa. Terei de conversar com Silvia. Saio da cabine telefônica e volto para Buenos Aires novamente. A tarde já está caindo, pegamos um táxi de volta para a clínica. Não estou cansada. É surpreendente como a nova medicação atua em mim. Quero chegar, tomar um banho, ir para o pátio e quem sabe encontrar um novo amigo.

Subo a pequena escada da entrada da clínica e digo adeus a Márcia. Minha sensação de liberdade é a mesma, embora presa agora pela porta que bate atrás de mim. Vou passar pela revista, que é sempre engraçada. A enfermeira Helena é pequena, tem cabelos pretos curtos e oleosos, repartidos de lado. Seu nariz é arrebitado. Ela é bastante rigorosa. Faz com que eu fique praticamente nua à sua frente, busca em meus sapatos, meus bolsos, meu maço de cigarros, apalpa minha blusa e minhas calças. Fico pensando no que ela poderia encontrar. No que poderia arriscar agora minha vida. Pego minha vida nas mãos e seguro com tal zelo... Não que saiba o que fazer com ela, mas, enquanto não sei, a coloco em um pedestal em ritmo de espera de tal forma que nada aconteça. Não mais.

A revista termina. Tomo um banho demorado e desço para o "fumódromo", lá o povo está todo reunido antes do jantar. Um rapaz chamado Fernando faz um discurso na mesa redonda à qual todos estão sentados...

— Tentava controlar tudo e todos meus camaradas. Sentia que poderia abrir com as mãos a Quinta Avenida em Nova York. Quando minha filha nasceu eu estava na maternidade com quatro celulares falando ininterruptamente. Todas as coisas tinham de passar pelo meu crivo, pelas minhas ideias, então não aguentei mais, surtei, e o fim não foi nada bom, assim vim parar aqui. Agora estou inquieto, sem saber como estão as coisas, o que se passa com minha mulher, com meu trabalho. Nada. Estou ficando louco.

Percebo sua impotência e simpatizo com ele. Hiperatividade do mais alto grau, e o transtorno obsessivo. Também me comporto assim. As coisas e as pessoas têm de ser como determino. Isso é a loucura. Quero é a certeza de ser amada e, como sou insegura, persigo, pergunto, obrigo e penso que tudo está controlado do jeito que penso ser. Não é verdade, as pessoas não são nem fazem o que queremos. Isso é ilusão.

Jantamos todos juntos como uma grande família unida. Fernando está mais calmo e é assim que funciona nosso dia a dia na clínica. Não quero pensar no momento da separação. Me sinto protegida por aqueles que são iguais a mim. Daniel, Uruguaia, Maria, Lúcia, Fernando, Lobo, Iran...

Deito no meu quarto branco com meus olhos abertos. Lembro que amanhã farei o teste Minessota no Brain Center e que terei terapia com Silvia no seu consultório. Será um dia cheio de novidades e hoje gosto de dormir para acordar e viver. Apago a luz e espero com calma o sono vir, não tenho medo do escuro e sinto confiança na luz que me desperta a cada amanhecer neste pedaço de janela ao lado da minha cama.

Numa saleta escura do Brain Center estou sentada há duas horas na frente do computador, a seta marca a questão 125, ainda faltam 300 e poucas perguntas, minha vista embaça. Sinto que se quer saber a que ponto está o nível do distúrbio mental da pessoa questionada. Tenho vontade de rir. Respondo a tudo honestamente. Sei que essa é uma avaliação importante. Pronto! Missão cumprida. Vou ao encontro da minha terapeuta no fim do corredor.

A salinha é pequena e uma mesa divide as duas cadeiras em que eu e Silvia nos sentamos, ela pede então que fale do meu pai, que é portador do distúrbio bipolar.

— Paula, a bipolaridade muitas vezes é hereditária. Pelo que Dr. Kalina conversou comigo, você herdou a doença do seu pai. Quero que me fale dessa convivência. Como era seu pai. O que ele representou para você.

— Meu pai foi a pessoa mais importante da minha vida. Porque sou herança dele. Meus olhos, minha boca, minhas mãos, minha cor, em todo o meu corpo sou igual a ele. Minha inteligência funciona como a dele. Lutei inutilmente para não ser como ele. Como tantos outros fazem. Lutam para não serem parecidos com seus pais. Tudo em vão.

Não sabia a maneira como meu pai me receberia no dia seguinte. Seu humor. Tinha um medo terrível dele. De suas veias. Dos seus gritos. Adorava quando bebia seu uísque e contava suas histórias, ficava terno e arriscava pensar que eu poderia dar certo. Não poderia dar certo por mim! Não tive personalidade o suficiente. Não tive essa inteligência, eu que tantas vezes me superestimo. Neste momento posso ver a minha pequenez.

— Foram-lhe dados todos os motivos para ser uma mulher insegura, Paula. A subestimaram na sua infância. Na sua adolescência.

— Sei. Mas se tivesse pensado mais uma fração de segundo...

— Viva seu presente. Pensar no futuro ou no passado sempre a agitará. Gostaria que me falasse mais dessas mudanças de humor do seu pai.

— Ele era incrível. Sua fala não acompanhava seu pensamento. Não era alcoólatra, mas sempre bebia para relaxar, porque era extremamente tenso. Às vezes ficava eufórico.

Gastava muito dinheiro ou era extremamente econômico. Brigava muito comigo e me fazia críticas terríveis. De repente ficava mal-humorado, suas feições mudavam, sua boca ficava áspera. Em alguns momentos era doce, amoroso, um homem brilhante, de ideias. Era também um grande escritor. Devaneava muito e eu adorava conversar com ele. Era sempre procurado pelo seu grande talento para os negócios, com os ganhos e as perdas entrava em estado de grande euforia e enorme depressão.

Certa vez estávamos minha irmã Isabella e eu na mesa de jantar, uma mesa posta com todo o esmero, louça requintada, copos de cristal, quando Isabella reclamou da comida. Meu pai ficou vermelho, arregalou os olhos e puxou a toalha jogando os pratos na parede. Minha irmã começou a rir de nervoso, fiquei paralisada. O que senti foi medo. Ele tinha reações inesperadas. Não sabia nunca como iria encontrar meu pai.

— E como você se sente hoje, Paula?

— Ele sempre tentou nos proteger. Quis nos deixar bem. Foi um homem muito doente. É estranho saber que herdei a bipolaridade dele. Me sentia estranhamente ligada a meu pai.

— A diferença é que ele não sabia que era bipolar. Você sabe. Não precisa repetir sua história. Quer se tratar. Está medicada. Faz terapia. Você vai ter a vida que quiser, Paula. Está em suas mãos.

Saí do seu consultório. Como seria se não soubesse da minha doença? Quantas pessoas infelizes são bipolares e estão perdendo suas vidas? Meu pai sofreu muito. E a incompreensão a que são submetidos os portadores dessa enfermidade! Por outro lado, a dor dos que convivem com eles. É tudo muito triste. Penso nos meus. Nos meus pais. No meu filho. Sinto muita vontade de chorar. É inevitável pensar sempre no tempo que perdi, por que essa doença não foi detectada antes, meu Deus?

Encontro Marcia no *hall* do Brain Center. Olho para o chão. Ela me puxa pela mão e saímos para a rua. Falo com minha amiga e ela me diz que as coisas acontecem quando têm de acontecer. Que o tempo é misterioso. Penso na esperança que tenho no tempo. Silvia sempre me diz: "*Despacio* (Devagar). Lute contra a tendência à aceleração, ou seja, a mania." Márcia, preciso me sentar. Quero entrar em um restaurante, por favor.

Entramos em um café e pedimos dois *cappuccinos*, Márcia segura minhas mãos:

— Você está ansiosa. O que está acontecendo?

— Falei muito do meu pai. Estou me sentindo desprotegida, ele se foi e estou sozinha. Sei que essa doença é perigosa. Tenho medo de ser e de sentir coisas horríveis outra vez.

— Você tem a mim. Sempre terá a mim.

— Márcia, você me trouxe para meu tratamento. Você foi a única que acreditou quando já não havia mais ninguém.

— Então você não está sozinha.

Respiro fundo. Estou segura. Dr. Kalina, Silvia, Márcia estão aqui. É normal que sinta que aquele inferno pode voltar. É ainda muito recente. Mas nada vai acontecer, estou salva.

Olho pelo vidro e vejo o sol brilhante lá fora. Penso em André. O que estará fazendo? Estará jogando bola? Nadando? Vendo televisão? Vejo seu rostinho grudado na TV jogando videogame... Meu anjo, todo tempo será seu. Será nosso. Porque merecemos. O tempo agora me parece vitorioso. Pedimos a conta e saímos. Me sinto melhor. Pegamos um táxi e voltamos para a Clínica Santa Rosa.

No pequeno ginásio ao lado do refeitório encontro Uruguaia pedalando na bicicleta. Ela é realmente linda, tem uma vivacidade que me encanta e me enlouquece um pouco.

— Paula, vem para a outra bicicleta, vamos malhar. Quero me matar aqui. Estou toda suada. Já estou pedalando faz uma hora.

— Não posso ainda. Estou muito gorda. Não aguento. Talvez seja uma das primeiras coisas que tenha de fazer quando voltar à minha vida de verdade.

Ela então sai da bicicleta e me abraça. Digo que queria estar assim magra como ela. Ela diz que vou conseguir.

A enfermeira se aproxima e para minha surpresa fala que Dr. Kalina me espera em seu consultório no andar de cima. Digo adeus a Uruguaia inundada de gratidão. Subo pelo caracol azul, paro diante da porta de ferro enquanto Verônica diz algumas palavras ao interfone. A porta abre, meu médico pede que eu entre.

— Estou acompanhando seu desenvolvimento e muito satisfeito. Você está se dando muito bem com os medicamentos. Está estabilizada, respondendo bem à terapia. O resultado é o melhor possível, Paula.

— Preciso muito de Silvia neste momento. É a pessoa que me faz entender o que passei, os meus medos.

— Tenho os resultados dos testes também. Do mapeamento cerebral. Do Minessota. Tudo dentro do que era previsto. Muita tendência a depressão, a ansiedade, a impulsividade. Muita irritabilidade. Gostaria que fizesse ainda exames de coração e sanguíneos. Só assim ficaremos tranquilos. Depois você estará pronta para voltar ao Brasil.

Penso em me jogar nos seus braços. Pedir a ele que venha comigo ou que não me deixe voltar. Não pensei que estivesse tão próximo. Não estou preparada.

— Dr. Kalina, tenho medo de voltar. Que algo aconteça fora daqui. Não posso ir.

— Pode ficar tranquila. Você está medicada, eu lhe asseguro. Você irá para o Brasil daqui a quatro ou cinco dias. Fique alegre, Paula, você estará em fim de alta, você merece.

Aperto a mão do Dr. Kalina e me despeço pensando uma vez mais nos seus inúmeros diplomas.

Desço diretamente para meu quarto, fecho a porta, tiro o casaco e sento na cadeira. O que vou fazer quando chegar? Não conheço mais ninguém, ninguém me conhece. Vou perder o avião. Onde está meu passaporte? O que vou falar para Rosa? Meu novo apartamento está em obras. E meu filho André? Todos os teatros estão fechados. Minha irmã está falando comigo? O Brasil está muito longe e já esqueci de tudo.

Fico de pé, coloco o casaco, abro a porta e olho o corredor vazio. Estou na Clínica Santa Rosa. São 8 horas da noite, vou descer para jantar, encontrar Lúcia e dizer a ela que é preciso agora ter coragem para alguma coisa

# Capítulo 6

O refeitório está barulhento, na televisão o Brasil joga com a Argentina, para deleite geral. Quando chego me colocam contra a parede falando mal dos jogadores brasileiros, xingando, gritando, nessa rivalidade de que tanto ouvi falar e que agora vivencio de fato. Puxo Lúcia para um canto e sussurro no seu ouvido:

— Estou voltando para casa.

— O quê? — ela me responde gritando, sem me ouvir.

Eu a abraço com força.

— Estou voltando para casa.

Lúcia me pega pelas mãos e me leva para o pátio. O segurança fecha o vidro atrás de nós. Está fazendo frio. A balbúrdia fica logo ali sem som. Lúcia me olha com medo.

— Quanto tempo?

— Uma semana.

Lúcia está mais assustada do que eu. Aquele é o nosso refúgio, nós somos o nosso refúgio.

Sentamos à mesa redonda e entrelaçamos nossas mãos como sempre fazemos. De repente ela sorri serenamente e me diz que está tudo bem, que começaremos os preparativos.

— Primeiro as primeiras coisas — eu digo, já mais animada.

A ideia da volta já começa a me dar alguma saudade e esperança.

— Quero viver intensamente os dias que me restam na clínica. Mesmo sabendo que meu coração estará como nesse jogo de futebol, dividido.

— Você está torcendo para quem? — pergunta Lúcia.

— Pelo Brasil.

Não sei se estou dizendo a verdade a ela, meu ressentimento é tanto que sou capaz de dar 10 a 0 para a Argentina. Mas agora é preciso tentar. Tentar fazer uma nova história. São dias e mais dias aqui reconstruindo um corpo, uma mente, uma alma. E agora terá de ser na própria estrada. No jogo. Bola no pé. Sequer vislumbro como será uma vida para mim agora. Nenhuma ideia. Um ponto no universo é o que sou e isso não me situa em um lugar de humildade, e sim na mais profunda escuridão de não saber o que me cerca, o que se aproxima.

Lúcia toca o meu braço e chama meu nome. Meu nome! Digo a ela que vou me deitar, que é preciso dormir e descansar, tornar as coisas mais leves. Amanhã é domingo e vou à feirinha de San Telmo com Márcia e à tarde terei uma longa terapia com Dra. Silvia Kalina.

Atrás do vidro já não há mais ninguém, não sei o resultado do jogo. Preciso que o Brasil tenha ganhado, por um desencargo de consciência, pela minha futura felicidade. O segurança confirma minha superstição, nosso país ganhou de 2 a 0, para silêncio de toda a clínica. Lúcia e eu saímos abraçadas, nos despedimos com vários beijos, prometendo nossa amizade fiel, fraterna e duradoura.

A feira de antiguidades de San Telmo me recorda uma alegria de menina de 18 anos. Estou extasiada. Os objetos me lembram minha infância, as roupas parecem ter sido tiradas do guarda-roupas da minha mãe quando eu era criança, me sinto em outra época. Márcia e eu perguntamos o preço de tudo, olhamos as coisas mais de mil vezes, andamos felizes em meio a estátuas em movimento, shows itinerantes de tango, lojas e galerias. É um lugar encantador. Me sinto particularmente feliz, esta praça cheia de gente, esta arte no meio da rua, em algum lugar eu me encontro, é uma sensação de pertencer a essa classe de gente. Os artistas. Decidimos almoçar em um restaurante na esquina da praça, onde sabemos que há dança e música argentina, onde os tangos são lindos. Pedimos chorizo. Amo este povo mais e mais. O almoço está delicioso. Comida misturada a boleros antigos, troca de pernas em passos de tango perfeitos. Uma maravilha. Pedimos a conta. É uma tarde formidável, não quero sair deste bar, desta alegria, deste romantismo. Dra. Silvia me espera em sua casa e precisamos ir. Tomo a decisão e nos levantamos para sair. San Telmo é um lugar dramático, perigoso. Percebo o que se assemelha a mim. Quero voltar aqui. Pegamos um táxi e partimos em direção à residência da minha terapeuta.

— Silvia, gostaria de falar da promessa de recuperar a alegria. De resgatar a minha vida.

— Vamos conversar, Paula. O importante é que você me fale de seus primeiros pensamentos em relação a sua nova vida. Seus desejos...

Eu a cortei bruscamente.

— É mais fácil falar dos meus receios do que dos meus desejos. Tudo é desconhecido para mim e não faço ideia do que uma interrupção de 11 meses em uma vida pode ter causado. Não sei como retomar minha carreira. Não sei como vou encontrar meu filho. Meu novo apartamento está passando por uma obra de que não tomei conhecimento. Aliás, não me lembro bem da casa que escolhi para comprar, de tão doente que estava. Então, como voltar para uma realidade tão distante?

— Devagar, Paula. Vamos falar de cada um desses assuntos e ver que você pode vivenciá-los sem medo nem ansiedade. É apenas uma questão de saber o que existe para fazer em relação a eles a princípio. Veremos juntas quais são as prioridades, por onde começar quando você chegar ao Brasil.

— Quero me livrar de Rosa. Foi tudo uma grande decepção. Essa dualidade nas pessoas me apavora. Uma mulher que supostamente cuidou de mim durante todos esses meses, me roubar, abusar do meu transtorno mental. E eu a adorava. Estou triste. Não sei o que dizer a ela. Não tenho coragem para tomar uma decisão.

— Claro que você tem. Você só precisa se distanciar dela. Não precisa dizer suas razões. Não necessita entrar em brigas ou rescisões judiciais.

— Silvia, você vai deixando mais claro o caminho. Consigo mandá-la embora. Digo que não preciso dos seus cuidados e que isso é uma ordem terapêutica, pelo motivo da dependência que tenho dela, o que não deixa de ser verdade. Sou dependente das pessoas.

— Cuidado com suas afirmações, Paula. E sobre seu novo apartamento?

— É tão importante a nossa casa... Já me mudei tantas vezes... Pelo desperdício inevitável de dinheiro devido às muitas compulsões. Estou traumatizada.

Esse já é o terceiro apartamento em que moro desde o falecimento do meu pai. Não consegui sustentar nenhuma moradia anterior. Estou com medo. Minha casa reflete minha doença... a instabilidade. Tenho medo da mania.

— Tente mudar seus pensamentos para mudar seus sentimentos, Paula. Todo um trabalho está sendo feito, pela primeira vez você está tomando a medicação certa, fazendo uma terapia direcionada, você está sendo reestruturada para essa nova vida e poderá vê-la de uma maneira diferente.

— Comprei um apartamento antigo e mandei reformá-lo, estava muito debilitada e entreguei tudo nas mãos de pessoas.

— Vamos acreditar que as pessoas são confiáveis e que tudo sairá bem. Que você chegará ao Brasil e poderá retomar sua obra em conjunto com elas, podendo curtir cada detalhe da sua nova moradia, onde poderá ter felicidade e paz.

Terminamos aquele dia assim, com aquela promessa.

Na clínica tenho a notícia de que terei de desocupar meu quarto e dividir minhas últimas noites com uma recém-chegada chamada Samanta. Não gosto da ideia, peço para telefonar para Márcia.

— Alô, Márcia, me trocaram de quarto. Logo agora que estou indo embora e precisava de silêncio para pensar. Estava acostumada a ficar sozinha. Não sei se foi uma deferência do Dr. Kalina ou sorte, mas sei que adorei ler meus livros até tarde, ter o banheiro só para mim. Tive liberdade.

— Agora você vai poder ajudar uma pessoa. Dividir um quarto, uma possibilidade de uma experiência nova. Quem sabe essa moça é importante para você?

— Não sei. Estou acostumada a ter um espaço grande para andar livremente dentro dele. Não vou gostar. Me disseram que a menina tem 18 anos. Ficaram loucos? Quero ir embora.

Subitamente ouço minhas palavras e me lembro de quem eu era há alguns dias, onde estava, em que buraco, em qual esquife. Márcia fala do outro lado da linha.

— Você quer vir passar estes últimos dias aqui no hotel?

— Não, Márcia. Vou ficar bem. Vou agora levar minhas roupas para o outro quarto. Um beijo.

Desligo o telefone horrorizada comigo, com uma pessoa arrogante que não quero mais ser, que arruinou a minha vida, me incompatibilizou com milhões de seres humanos bacanas e que talvez não possa mais recuperar.

Subo pelo caracol e entro no meu quarto antigo para recolher minhas roupas com Luna, choro baixinho, emocionada, com saudade daquele canto que por tanto tempo foi meu. Ela então diz que não vou mudar de andar e que continuará me atendendo, o que não deixa de ser um consolo. Luna é a enfermeira de que mais gosto. É doce e companheira. Não demora nas revistas porque me conhece e sabe que quero salvar minha vida. Ela é a mais amiga de todas. Nunca vou esquecer seu rosto.

Vou ficar em um quarto bem em frente ao meu antigo. Penduro minhas roupas e dobro meus casacos de lã. Guardo meus livros, minhas bolsas e meias. Faço tudo tomando o devido cuidado de deixar bastante espaço para minha nova companheira, Samanta.

Ela então finalmente entra no quarto antes do jantar. É gordinha, tem olhos verdes, cabelos lisos, nariz fino. Me olha de modo inseguro e sorri. Vejo nela uma imensa mancha roxa tomando toda a maçã do seu rosto.

— Olá.

— Oi, meu nome é Paula.

Ela logo começa a conversar animadamente e percebo que fui uma adolescente parecida com ela. Tentando agradar de todas as maneiras e se mostrando gentil em demasia. Pergunto sobre seu acidente.

— Coloquei várias gotas de clonazepam em uma bebida, fiquei muito tonta, caí e me machuquei. Disseram que quase morri. Então me trouxeram para cá.

— Vou embora em poucos dias, mas espero que possa lhe ajudar. Você vai gostar daqui, vai fazer amigos. Está quase na hora do jantar, vamos descer?

Saímos juntas para o refeitório. Samanta está excitada. Não sinto muita afinidade com ela, me dá até alguma repulsa essa adolescência em que se é tão alienado. Mas tenho dentro de mim também uma sincera vontade de fazer algo por ela. Por uma longínqua afinidade. Uma solidariedade que nos une a todos ali.

Ela logo corre em direção a alguns dos internos de sua idade e todos de cigarro na mão trocam suas ideias.

Sinto duas mãos na minha cintura, é Uruguaia, ela me abraça e fala estridentemente.

— Paula, que bom te ver!

— Uruguaia, tenho de lhe dizer algo, vou embora daqui a quatro dias.

Ela solta um grito.

— Para onde?

— O Brasil.

Seus olhos se enchem de lágrimas. Não sei o que dizer. Não sabia que ela gostava tanto assim de mim. Seu olhar expressa tanto amor e fragilidade...

— Volto ainda para a Argentina muitas vezes. Vamos nos encontrar logo. Quero ver todos em breve. Fora da clínica, levando a vida sem pressa. E você sem fumar maconha, viu?

Ela ri escancaradamente, como sempre faz. É a pessoa mais espontânea que está ali. Gostaria de levar um pouco desse sentimento comigo. Admiro essas pessoas. Os quase perdedores que no último minuto do segundo tempo resolveram ver se ganhavam o jogo, me sinto assim.

Sentamos juntas, Uruguaia e eu, para jantar. Ela fala de forma acelerada e eu tenho dificuldade de entender seu espanhol, peço diversas vezes que fale devagar, depois desisto, deixo que fale e fico assim viajando na sua risada, nos seus olhos.

De noite no meu quarto leio com a luz indireta da cabeceira da minha cama. Samanta chega. Acompanho seus passos. Ela parece bastante à vontade. Entra e sai do banheiro várias vezes, passa creme, escova os cabelos e os dentes, veste a camisola. Deita na cama, apaga sua luz e diz boa noite, vira para o lado e dorme. Sinto inveja dela. Da sua simplicidade. Sou dispersa. Não consigo me concentrar se há qualquer pessoa ou ruído paralelo à atividade que estou realizando. É um inferno. Gostaria de trabalhar em meio ao caos, acho criativo. Acho construtivo. Apago a luz e viro para o outro lado.

Acordo com barulho de chuva e a luz do banheiro acesa.

— Samanta, está chovendo! É noite. O que está acontecendo?

— *Que pasa?* — grita a garota de dentro do banheiro.

— Está chovendo, Samanta! Quero dormir!

— *No compriendo!*

— Está chovendo muito! É noite e está chovendo muito. *No entiendes*? *No compriendes*?

— *No, Paula. Ya és temprano. Son seis de la mañana. No és lluvia. Estoy en el baño. Me gusta la puerta abierta.*

Vou matar essa garota! Mas o dia está começando e então pulo da cama e pergunto a minha companheira de quarto se posso escovar os dentes enquanto ela toma banho, ela concorda rindo. Visto meu casaco, penteio meu cabelo e estou pronta para descer, Samanta me diz adeus e vou embora pensando em quantas horas vai durar aquele banho matutino. Tento não ficar irritada.

Tomo meu chá com leite e como meu pão com geleia sozinha no refeitório. Ainda é muito cedo. As enfermeiras não param de trabalhar. O sistema é de rodízio, 24 horas. Os loucos não dão folga. Fico ali na sala ao lado vendo TV e aprendendo um pouco de espanhol por algumas horas.

Logo, às 10 da manhã, Dra. Silvia aparece me chamando, subimos para um quarto improvisado na clínica. Ela me pede desculpas pelo espaço inapropriado, mas estou pouco me importando, quero falar sobre os perdedores e, quem sabe, sobre os vencedores.

— Não quero perder novamente, Silvia.

— O conceito que as pessoas bipolares têm sobre si mesmas é instável, Paula.

— Os perdedores vão sendo deixados pelos outros no meio do caminho e vão sendo esquecidos. Não há tempo para eles. Ninguém está interessado. Ninguém carrega culpa. O cara é simplesmente chutado para fora do campo e pronto. Acabou o jogo para ele.

— Você se vê como uma dessas pessoas, Paula?

— Tenho medo dessa crueldade toda. Ao mesmo tempo em que quero estar jogando. Porque preciso criar. Necessito ver minha arte em cena. Ter sucesso no que diz o dicionário do Aurélio Buarque de Holanda: "Acontecimento; ocorrência; resultado feliz." Quero ver a vida acontecendo. Estar dentro dela. Usufruir.

— Agora isso é completamente possível, porque você não tem mais chances de cometer os mesmos erros. Paula, nas suas crises você entrava em fases de mania ou depressão, às vezes outros transtornos como a ansiedade, a obsessão e a compulsão tomavam você de tal forma que era impossível viver uma vida de ganhos. Não é preciso se culpar por isso.

— Não quero voltar para as mesmas coisas. Não é mais uma questão de recuperar as perdas, e sim de fazer ganhos. Tenho de começar por algum lugar. Talvez tenha de ser por alguma perda. Quero estar de novo com algumas pessoas, mas minha memória está afetada, não reconheço emoções dentro de mim em relação a ninguém, a não ser a minha família, a vocês e a Márcia. É estranho.

— Os choques elétricos, a depressão e as drogas causaram danos no seu cérebro referentes a sua memória. Mas como Dr. Eduardo diz, tudo vai voltar com o tempo, com a ajuda do tratamento.

— Tem uma frase de um livro de Clarice Lispector que diz: "Lori se cansava muito porque ela não parava de ser." Sinto vontade apenas de estar. Mas juro para você que farei um esforço sobre-humano para fazer algum plano para quando voltar ao Brasil.

Silvia começa a rir.

— E quais seriam esses planos? — pergunta ela.

— Quero emagrecer. Ter um belo corpo. Me equilibrar como uma bela atriz no palco. Andar no calçadão da praia. Comer legumes e frutas. Dar toda a atenção para meu filho, eu que sou tão impaciente e perfeccionista com ele. Sou perfeccionista.

— Esse é um impedimento para ser feliz, um desperdício de tempo. Tente ser menos controladora. Deixar as coisas fluírem, acontecerem no tempo delas. Você vai se sentir melhor.

— Obrigada Silvia, preciso ouvir isso várias vezes. As coisas acontecem independentemente da minha vontade. Tenho de ter discernimento sobre quando agir ou não agir.

— E sobre os planos?

— Esses que falei são os imediatos, tem a reforma da casa.

— Penso que você está começando muito bem. Cuidando do seu corpo, do seu filho. Quanto a sua casa, requer coragem administrar uma obra sozinha. Isso já é muito, Paula.

— Existem meus planos mais recônditos, os que me fazem tremer. A retomada do meu trabalho. Vou conseguir? Será que vou conseguir? As pessoas que deixei. Sou um ser desaparecido. Quem vou conhecer? O que vou ainda dizer?

— *Despacio*, novamente, Paula. Você não está preparada ainda. Conceda mais tempo para esses planos. Tudo se resolverá. Pense na aventura de se redescobrir.

— Sei que não estou preparada. Não tenho corpo nem alma para tudo isso. Não sei como começar. Mas quando chegar a hora serei um leão bravo e terei a doçura necessária para que tudo se una e eu volte ao centro da minha vida. Porque também nessa hora haverá uma decisão sobre mim.

— Gosto de ouvir você falar assim, mas cuidado para não entrar em ansiedade sobre isso neste momento. Pense nos seus planos imediatos. Aqueles de que me falou anteriormente.

Silvia se levanta, sorri e me diz que ainda nos vemos uma vez mais. Nos beijamos e eu saio em direção ao pátio da clínica.

Faz um dia lindo. Sento sozinha embaixo da única árvore existente em meio àqueles bancos de cimento. Olho para as mesas com os guarda-sóis onde tantas vezes conversamos e brincamos durante todos aqueles dias. A porta de vidro verde está fechada e vejo o movimento no refeitório antes do almoço. Faz frio. Todas as coisas que disse para Silvia parecem perder a importância, este lugar é tão apaziguador! Viver o presente pensando que o futuro guarda uma surpresa muito boa, porque eu sou merecedora disso, é o que estou pensando neste momento e isso me inunda de felicidade.

O segurança abre a porta para Iran e seu cigarro passarem, ele vem sorrindo na minha direção e pede o isqueiro, senta perto de mim com seu inseparável livro do Jung. Ele diz que já está com saudades e me encara com olhos ternos.

Torço para que ele saia logo da clínica.

Daniel vem se juntar a nós, chega rindo e conta que mais uma vez não dormiu e passou a noite conversando com uma enfermeira. A porta verde se abre mais uma vez e entram Lúcia, Betina, Uruguaia e Lobo. Todos, a não ser Betina, acendem seus cigarros rapidamente. Eles posicionam suas cadeiras como em um cinema, tentando uma réstia de sol nos seus corpos.

— Paula está curada, rapaziada! — diz Daniel, bem alto.

Todos riem e olham para mim.

Saio da minha cadeira e pulo em Lúcia. Ela me abraça e diz que não vai me deixar ir embora.

— Todos aqui vão ter uma vida maravilhosa — diz Uruguaia, como em um filme de David Linch do que não se entendem algumas partes, mas isso é o que menos interessa, porque é tudo fantástico, lindo de se ver.

— David Linch! — eu digo.

Pergunto a Betina sobre o bebê. Ela diz que ainda não sente nada, mas que ele está ali.

— Estou como você, Betina. Também não estou sentindo nada.

Começamos a rir, Lúcia, Betina e eu. Nos entendemos com o olhar, chegamos ao mesmo lugar, cada uma com sua história, mas com o sentimento de que em algum ponto ou desde sempre perdemos o rumo.

Lobo ouve seu radinho bem alto dessa vez e Daniel dança agitadamente.

Me sinto relaxada, livre de pensamentos.

— Vamos fazer a brincadeira das palavras? — pergunta Lúcia.

Daniel rapidamente senta, não estamos em roda e cada um joga sua palavra para o alto em direção ao céu. Lobo não participa. Mas eu, Lúcia, Betina, Uruguaia, Iran e Daniel estamos animados. Começamos. Os artigos também são palavras e cada um espera sua vez de falar:

— A espera no ponto de ônibus era de tal forma agonizante que as crianças mataram seus pais e desceram a rua de bicicleta.

— Muito dramático! — gritou Lúcia.

— Não dá para prever — eu digo, adorando a frase.

— Cigarros que fazem mal e descem para o inferno junto com anjinhos de asas quebradas são perdoados e tornam-se notícia no jornal nacional.

Começamos a rir e damos urros de alegria enquanto acendemos nossos cigarros indecentes.

— Vocês têm de entrar para o almoço! — chama a enfermeira, de pé na porta de vidro.

— Vamos fazer a última em homenagem a Paula, que vai embora amanhã — diz Lúcia baixinho para nós.

Começamos.

— Paula nada no mar em chamas comendo um sorvete de chocolate e fica rindo das sereias e príncipes que acenam para ela com saudades.

A palavra saudade sai na minha vez de falar e todos me abraçam, enquanto a enfermeira, já nervosa, inutilmente chama por nós.

Daniel, agitado, desfaz aquele momento.

— Vamos comer, estou morto de fome.

Vou até Lobo e o pego pela mão, ele segura seu radinho e mecanicamente me segue até a porta de vidro.

## Capítulo 7

Meu último dia em Buenos Aires. Estou indo com Márcia ao Brain Center. Minhas malas já estão prontas à minha espera na clínica. É hora de me despedir de todos. O último encontro. Uma saudade imensa aperta meu peito, mas me sinto estranhamente firme. A síndrome de pânico que tanto temia está a léguas de mim. Meu pensamento não está acelerado. Estou alegre e calma.

Na sala de espera observo Laura, a secretária do Dr. Eduardo. Quantas vezes passei por aquela recepção! Quantos exames fiz ali! Com que acuidade aquele homem me tratou! Um grande psiquiatra, que enfim se debruçou sobre mim clinicamente. Estou pensando e olho fixamente a secretária, que desvia seu olhar. Deve achar que ainda sou louca.

Laura desliga o telefone e nos chama, diz que Dr. Kalina e Dra. Silvia estão nos esperando. Subo as escadas, meu coração acelera. Os dois estão de pé, no meio da sala. Abraço Dr. Kalina, chorando.

— Você me salvou. Hoje se tornou uma das pessoas mais importantes da minha vida. Você é o meu começo.

— Paula.

Disse com seu português perfeito, mas de sua forma peculiar, aberta, pausada.

— Pare de chorar, Paula.

Comecei a rir. Dr. Kalina escondia bem suas emoções. Corri para Silvia, ela me abraçou e me beijou no rosto.

— Paula, quero que se cuide. Que procure uma terapeuta cognitiva no Brasil. Que não se esqueça do que falamos. Devagar. Primeiro as primeiras coisas.

— Silvia. Vai ser difícil ter outra psicóloga, sei o que tivemos. Em que tempo nos encontramos.

— Vai ficar tudo bem, acredite — disse ela.

Depois de uma série de recomendações do Dr. Kalina sobre medicação e restrições a que tenho de me submeter, como não ingerir nada, por mais inofensivo que possa parecer, que altere meu humor, eu e uma Márcia, também emocionada, dizemos adeus para aqueles dois grandes médicos do mundo.

Pegamos um táxi para a clínica, Márcia me deixa na porta e vai para seu hotel arrumar suas malas para partimos para o aeroporto.

Passo pela sala de espera e imediatamente abrem a porta que dá acesso aos pacientes, vou passar uma vez mais pela revista. Ainda estou na Clínica Santa Rosa. Ainda faço parte. Depois de passar pelo meu quarto e Luna fingir fazer a revista de rotina, desço para o refeitório, onde todos os meus amigos me esperam. Vou andando pelo caracol azul lentamente, olhando para o chão e para o corrimão. Não quero que acabe. Quando chego à porta do salão e entro, todos me olham, ficam de pé e começam a aplaudir. Me apoio em uma cadeira e olho para todas aquelas pessoas juntas. Não pertenço àquele país, não falo a língua deles. No entanto, abraço demoradamente cada um. Falamos segredos no ouvido, de mensagens de força misturadas a algumas palavras de loucura. Eles me dão parabéns e isso me impulsiona. Abraço demoradamente Lúcia e dizemos uma para outra que nunca nos separaremos. Digo a todos que me comunicarei por e-mail ou por telefone, que desejo que saiam logo, que os vejo lá fora, sãos.

Saio sob os aplausos de todos novamente e vou pegar minhas malas no quarto. Quando estou subindo o primeiro andar do caracol escuto um grito desesperado e paro. Uruguaia vem correndo e me agarra pelo pescoço, chora como uma criança. Pela primeira vez me olha em silêncio, ela que não para de falar, que é hiperativa. Me surpreendo pela segunda vez, que grande ligação ela tinha estabelecido comigo! Algumas pessoas nos amam sem sabermos. Prometo a ela que vou voltar para Buenos Aires e a abraço por muito tempo.

Chego ao quarto e me despeço de Luna com carinho, agradeço a ela por tudo que fez por mim, por cada noite maldormida, por cada medicação, por todos os medos apaziguados.

Desço para a recepção, onde Márcia já me espera. Cumprimos todos os rituais de saída da clínica já providenciados pelo Dr. Kalina. Pegamos um táxi rumo ao caminho de casa.

Mais uma vez no aeroporto de Buenos Aires. A porta é de saída. Não olho para trás. Me divido entre querer ir e voltar e nessa indecisão atravesso a pista de pouso e caminho até o avião que me levará de volta ao Brasil. Aperto o cinto. A aeronave decola. Espero as horas passarem calmamente de olhos bem abertos. O voo é tranquilo. Ao meu lado Márcia, enfim, descansa. O avião pousa. Estou de volta para os meus. Estou sã.

> "A bondade de Deus de proteger os viajantes, os encarcerados, os doentes, os que navegam em geral, todos os homens.
>
> Louvai a Deus porque ele é bom, porque a sua bondade é para sempre. Digam-no os que foram perdoados por Deus, os que se livraram da mão do inimigo e os que reuniu das terras do Oriente e do Ocidente, do Norte e do Sul.

Andaram desgarrados pelo deserto, por caminhos solitários: não acharam cidade que habitassem.

Famintos e sedentos, a sua alma neles desfalecia.

E chamaram a Deus na sua angústia e ele os livrou das suas necessidades.

E os levou para caminhos direitos, para irem à cidade que deveriam habitar.

Louvem a Deus pela sua bondade e pelas suas maravilhas para com os filhos dos homens!

Pois fartou a alma sedenta e encheu de bens a alma faminta.

Tal como quem se entrega às trevas à sombra da morte, presos em aflição e em ferro.

Como se rebelaram contra a palavra de Deus e desprezaram o conselho dele, eis que lhes abateu o coração com escravidão, tropeçaram e não houve quem os ajudasse.

Então chamaram Deus na sua angústia e ele os livrou do seu sofrimento.

Tirou-os das trevas e da sombra da morte e quebrou as suas correntes. Pois quebrou suas portas de bronze e despedaçou os ferrolhos.

Os loucos, por causa do seu caminho de transgressão e por causa das suas iniquidades, são afligidos.

As suas almas desesperadas chegaram até as portas da morte.

Então chamaram Deus na sua angústia, e ele os abençoou, enviou a sua palavra, e os sarou, e os livrou da sua destruição.

Louvem a Deus pela sua bondade e pelas suas maravilhas para com os filhos dos homens!

E ofereçam sacrifícios de louvor e *relatem as suas obras* com regozijos!..."

Salmo 107,1-22

— Senhoras e senhores, o desembarque será feito pela porta dianteira da aeronave. Não esqueçam suas bagagens de mão. A Aerolineas Argentinas agradece a preferência.

# Capítulo 8

Tenho medo de alfândega. Quem não tem? Quem não comprou sorrateiramente um pouco além da conta? Minha impulsividade não tinha se aquietado de todo em Buenos Aires e as malas estavam cheias demais para passarem despercebidas. Parte das minhas medicações é adquirida apenas na Argentina, e, apesar de estar com o receituário do Dr. Kalina, fiquei com medo de que aqueles homens as apreendessem. Passei com um sorriso branco pelo botão magnético: verde. Deus estava seguindo na frente. A porta de saída desliza e então vejo Ovídio, aquele negro forte, que por 6 anos não largou o osso, ele sorri de alegria e ali enxergo o amor. Em seguida vejo minha mãe, que corre para meus braços afobada, me beija muito e pergunta se a alfândega abriu as minhas malas. Sabia que ela ia perguntar isso! *Mi madre*! Sempre ansiosa. Eu fui a maior preocupação da sua vida. Tudo o que diz respeito a mim agita sua alma, seu coração. Me ama demasiadamente. Colocou sobre mim suas ânsias, seus medos, suas frustrações. Mas com certeza fui e sou o seu maior amor.

Existe uma afobação para se chegar ou partir. Sempre senti isso. Ficava cansada, suada, carregava muito peso. E agora não era diferente. Sei que há pessoas que vão e voltam sem se importarem muito, de cabelo solto. Agora que sei disso, as coisas podem se tornar um pouco diferentes... Quando viajava estava sempre em estado de irritação, exasperada ou então depressiva, quando todos faziam as coisas por mim e eu só tinha o sentimento de exaustão profunda em relação a tudo. Agora quero ir e vir, até com um certo desleixo de quem esqueceu alguma coisa em casa mas... Que se foda!

Isso já seria demais. Não evoluí tanto assim.

Entramos no carro. Quero André. O carro passeia pela cidade do Rio de Janeiro e vejo minha vida ali, agora com outros olhos. Estou serena. É como se fosse outra pessoa. Às vezes não me reconheço. A medicação atua em mim de forma abrangente. Estou equilibrada, tranquila. No entanto, sinto todas as emoções do mundo. Estou mais sensível. Observo porque agora tenho tempo para observar. Ouço as loucas histórias da minha mãe, escuto as risadas de Márcia, vejo a cara desconfiada de Ovídio e passeio lindamente pelo Aterro do Flamengo.

Moro agora em Copacabana. Adeus Ipanema querida... O que seria ressentimento depois viria a ser a mais pura alegria. Volto ainda para a casa da minha mãe, meu apartamento está no pó, e regresso para o lugar de onde saí muito doente. Abrimos a porta, André corre para mim. Nos abraçamos e beijamos. Ele não para de falar. Fala do colégio. Das suas provas. Do futebol. Não quer me ver ainda. Está com medo. Não sabe se daqui a pouco não vou para o quarto me deitar. Rosa vem solícita e risonha me beijar. Disfarço meu asco e aceito cinicamente suas boas-vindas com um abraço. Ainda não é tempo. A cozinheira Odete, que se escondia vigilante dentro da cozinha nos meus tempos ruins, vem risonha e fico muito feliz ao vê-la. Ela criou o André. O apartamento todo me parece diferente, aconchegante, casa de mãe mesmo, cheio de porta-retratos de minha infância e da minha amada irmã. Meus olhos estavam vendados! Estava morta! Márcia coloca música. Ouvimos Astor Piazzola na vitrola, para rimar, e todos me olham desconfiados.

Segunda-feira, terça-feira, quarta-feira... Os dias começam a passar ensolarados.

A tranquilidade deles me assombra e me fascina. Viver um dia de cada vez, saboreando todos os momentos. Claro que estou em lua de mel com o tempo. Ganhei na loteria a possibilidade de ser uma pessoa quase feliz, quase livre, e mais: não me venham os intelectuais pessimistas dizer que isso é alienação. "A dor é inevitável, o sofrimento é opcional." No mar calmo de agora as ondas começarão pouco a pouco a se formar. É assim com toda a humanidade. Só não posso enlouquecer. Entrar em obsessão ou compulsão. Deprimir e não ver vida possível. Isso não. Não mais.

Márcia e eu caminhamos no calçadão da praia todos os dias, somos unha e carne. Quando chegamos, seu namorado tinha perdido sua casa, vendido suas roupas, tudo o que ela possuía. Márcia estava zerada. No começo choramos muito sua desgraça, depois vimos que Deus tinha nos colocado no mesmo patamar: não tínhamos nada, a não ser a vida. Começamos do nada. Isso é desafiador. Ficamos mais unidas ainda. Era eu agora que tinha de ajudá-la. Dividimos o mesmo quarto, a mesa do almoço, do jantar. Ouvimos música. Fazemos regime. Cuidamos de André. Ela cuida da minha medicação e começa a orientar a casa. É claro que me sinto dependente de Márcia, mas isso se resolverá com o tempo. Agora preciso dela. Precisamos uma da outra. E principalmente nos amamos como duas amigas muito queridas. Duas irmãs unidas em espírito.

Estava me olhando no espelho de manhã, era um domingo, quando André se aproxima devagar.

— Mãe, qual é o meu nome?

— André — digo rindo.

— Para que time eu torço?

— Flamengo.

— Quantos anos eu tenho?

— Quatorze. Por que essas perguntas loucas, filho?

— Porque queria saber se você era você mesma.

Não posso ir à primeira dose que me desperte qualquer compulsão. Álcool, drogas, compras, sexo. E com afeto tenho de tomar muito cuidado. Perco o controle se entro na primeira loja, se dou o primeiro gole. Tudo isso parece inofensivo, sempre me pareceu. Vou me controlar, pensava. Sempre tive a sensação do controle. Afinal, um pouco não faz mal a ninguém. Preciso evitar certas situações, pessoas e certos lugares. É um processo de renúncia para ficar bem. Hoje procuro não entrar em shopping, a não ser em caso de extrema necessidade e com direção certa. Vou a restaurantes, e não a barezinhos. Minha vida mudou. Mas é simplesmente outra maneira de viver.

Hoje à tarde tive uma ideia muito louca.

— Márcia, vamos fazer um tour pelo Rio de Janeiro. Reconhecer o centro da cidade e seus monumentos, ir ao Cristo Redentor, ao Pão de Açúcar, passear pelas praias.

Ligo para uma dessas agências de hotel e reservo dois lugares numa van turística para nosso passeio. De máquina fotográfica em punho lá vamos radiantes pela manhã com vários gringos para nossa aventura.

O Rio de Janeiro é lindo. E regado a Coca-cola podemos observá-lo em toda a sua euforia ensolarada. Tiramos muitas fotos. Ver o Cristo Redentor, cara a cara, está sendo uma grande emoção. Fico por um momento sem fôlego. Passamos pelas praias e sabemos as origens dos seus nomes. Por último vamos a Santa Teresa, um bairro meio esquecido por mim, que o frequentei muito quando meu cunhado, grande ator, morava lá e o visitava com frequência. Esse homem foi maravilhoso nos meus tempos de mortandade. Quando conseguia falar comigo ao telefone entrava nas minhas viagens psicóticas e dizia que a ruína estava longe porque ele iria me salvar. Me oferecia trabalho, me convidando para dirigi-lo. Mais louco do que eu. Dizia para eu levantar da cama porque precisava de ajuda para interpretar um monólogo. Logo ele que não precisa de diretor algum para suas próprias ideias. Mas estava ali, mentindo para que eu cresse novamente.

Grande Marcelo.

Linda Santa Teresa.

Voltamos eu e Márcia para casa às gargalhadas, com várias fotos nas mãos. Esses eram os meus programas de agora, reconhecer o terreno. Me reconhecer. Não ir à primeira dose.

A vida para quem está em recuperação é farta, abre-se um mundo de possibilidades, de conhecimento e diversão. Enquanto era viciada pensava ter uma vida glamourosa, correndo incansavelmente atrás da minha única obsessão.

É terrível quando precisamos de alguma coisa específica para sermos felizes.

Hoje acordei cedo e enfim vou ao meu apartamento com Lídia, a arquiteta. O edifício fica no mesmo bairro da casa da minha mãe, atravesso a rua e não sei o que me espera. Estou um pouco aflita e temerosa.

Para meu alívio entro e vejo tudo quebrado, piso, paredes, armários e bancadas. Ainda tinha tempo de construir minha casa.

— Lídia, voltei bem, estou tratada agora. Quero tomar as decisões com você de como será este espaço, sala, quartos, banheiro e cozinha.

— Paula, isso me deixa muito feliz. Não saberia o que fazer. Estava tudo muito estranho para mim. Vamos escolher todo o material, do piso às maçanetas.

Senti que o apartamento iria ficar com a minha cara.

Tenho agora um trabalho: tocar essa obra pelos próximos meses. É como uma cega que voltou a enxergar, olhar aos poucos a vida e reconhecer pessoas e lugares vagarosamente.

A tarde cai, Márcia foi ver suas filhas. André está em seu quarto jogando videogame. Já se passaram nove dias desde que cheguei. Estou na sala silenciosa, me sinto aflita. Durante esse tempo foram poucas as oscilações. Os remédios hoje fazem um efeito espetacular. Veria que depois meu organismo se acostumaria a eles e que teria por mim mesma que detectar e controlar mais essa doença.

Ansiosa por alguma coisa. Começo a ter pressa. Não aguento mais engatinhar. Não consigo ainda telefonar para alguém, não sei o que dizer sobre meu desaparecimento. Na verdade não sei nada do que está acontecendo no Brasil, na política, nas artes. Estou alienada. Me sinto mal com isso.

Acreditar que Deus pudesse fazer a sanidade retornar a mim? Ou eu retornar à sanidade? Não faço outra coisa a não ser pensar e pensar. Meu pai me dizia que "coitados daqueles que não têm vida interior". Me perco dentro de mim e hoje gosto disso. Só assim vou poder voltar para os meus. Para minha profissão.

Sanidade. Nunca tive. Só hoje, crendo nesse Deus que pode me fazer retornar para a sanidade, tranquilizo. Tive em toda a minha vida atitudes insanas no âmbito familiar, profissional, afetivo. As drogas me impulsionaram a regar de sangue essas atitudes e assim fui vivendo sem perceber que minha conduta era malévola, principalmente para mim. Não é uma questão de puritanismo, amo os espíritos livres e os pensamentos loucos e desconexos que levam para os caminhos da criação, da liberdade, mas a minha sanidade... essa rogo a Deus que me devolva. Ou melhor, que me leve a ela. Dessa maneira terei meu espírito livre. Livre de culpas. Mais inteligente. Direcionado. Digno.

Estou tendo uma vida bastante regrada, pelo menos por enquanto. Acordo cedo, vou caminhar com Márcia, almoçamos ao meio-dia, ela, André e eu. Comida leve, sem gordura. À tarde supervisiono a obra, vou à loja de material de construção, levo horas escolhendo pequenos detalhes para meu apartamento. À noite vamos ao cinema ou ficamos em casa conversando e ouvindo música. Ainda não vou a teatro.

Tive uma conversa com Rosa na primeira semana depois que cheguei. Disse a ela, entre lágrimas de ambas as partes, que não precisava mais de seus serviços, que era dependente dela e que Silvia me disse que seria melhor dispensá-la. Não tive coragem de assumir, não disse a ela sobre os dólares. Não estou pronta ainda para confrontos e confusões. Ela não percebeu nada. Continuou pensando que eu era uma tonta. Saiu com raiva, batendo a porta, falando de ingratidão. Mais tarde saberia que poderia encarar como uma leoa situações difíceis.

Faz um mês que estou aqui...

Hoje, um amigo de longa data, Pedro, me telefona. Ele faz parte de um grupo de ajuda mútua que frequentei. Pergunta se não vou voltar aos grupos, digo que sim, em breve, ele diz que quer me visitar. Fico feliz, ele é um querido amigo. Marcamos para o dia seguinte. Ainda fico envergonhada com meu corpo, já emagreci 7 quilos e ainda preciso perder mais 15. Não importa. Pedro é de casa e vai ser uma alegria recebê-lo. O primeiro amigo que me procura, e nem éramos tão chegados assim. Farreamos muito, ele, Márcia e eu, depois das idas ao grupo no passado.

São 6 horas da tarde de uma terça-feira qualquer quando a campainha toca. Pedro entra com rosto tímido. Me abraça muito, como sempre solidário, faz festa com Márcia e vamos os três para a sala de estar.

Conto a ele sem pudores tudo o que aconteceu, ele me ouve atentamente, emocionado. Deito no sofá e ele massageia os meus pés e ficamos lá, os amigos, conversando horas a fio.

Pedro trabalha revendendo pisos, revestimentos e cortinas. De vez em quando se incumbe de algumas obras. Falo do meu apartamento. Ele imediatamente me oferece as suas cortinas. Marcamos para o dia seguinte, na manhã de quarta-feira. Pedro chega com suas amostras, todas lindas. É difícil escolher. Ele diz que está me fazendo descontos incríveis. Escolho todas para a sala, os quartos, o escritório e minha suíte. Ele me diz que está batalhando muito para vender seu material, me mostra seu site e Márcia e eu percebemos que aquela venda deve ter salvo seu mês.

Fico feliz por ele.

Nas semanas posteriores Pedro se torna companheiro constante na nossa casa e nos nossos passeios, isso às vezes me incomoda um pouco, Márcia dá a maior força e vive brincando que eu deveria namorá-lo. Isso me irrita profundamente ou me faz rir.

— Um velho, Márcia! Cinquenta e quatro anos! E ainda por cima careca.

— Ele tem olhos azuis, Paula. É bonito, gentil. Você não percebe como ele é atencioso com você?

— Ele é nosso amigo, como se fosse de infância. Desencana — digo, rindo.

Caímos na gargalhada juntas, como sempre.

Estamos os três amigos, agora inseparáveis, conversando em um café em Ipanema, já é tarde da noite e nos despedimos. Pedro vai pegar o ônibus para a Tijuca e tenho um sentimento estranho... Pena? Não sei. Não quero essa demora para ele. Esse perrengue. Entro no meu carro e dou a volta no quarteirão, olho pelo retrovisor e sinto Pedro dentro de mim me causando uma dor muito grande. Um aperto enorme no coração. Isso dura uma fração de segundo. Esqueço. Vamos para casa tranquilas, Márcia e eu, para o sono dos justos.

A brisa sopra a meu favor, as oscilações de humor são poucas, apenas determinadas por algum fator externo, quando tenho reações desproporcionais relacionadas ao que acontece. Mas percebo isso. Às vezes controlo, às vezes não. Não sei lidar bem com as divergências do dia a dia e com o passar do tempo elas aparecem. Quando determino que algo será de uma maneira qualquer ou alguém me diz ou promete alguma coisa e por alguma razão as coisas não saem como foram combinadas, fico irritada, meio fora de mim.

Não tenho depressão. Passo ao largo da cama. Mesmo estando cansada à tarde, não me deito, no máximo recosto no sofá.

Ainda não procurei uma terapia, o que vou fazer em breve.

Hoje é aniversário de Pedro. Márcia me sugere fazer uma festa surpresa para ele, chamando alguns amigos do grupo e encomendando comida japonesa, que ele adora.

Eu topo.

Pedro fica feliz. A reunião é um sucesso, com direito a bolo e velinhas. Olho Pedro com ternura. Não me relaciono com ninguém desde que rompi com Ricardo, nem um beijo, nem uma carícia. Não sei mais como se faz. Estou ainda muito gorda. Nenhum homem iria se interessar por mim. Pedro é realmente um homem interessante...

Não vou dizer nada para Márcia.

Será que é impressão minha ou ele realmente me olha diferente? Deve ser impressão. Somos muito amigos.

A atriz da última peça que dirigi está em cartaz em seus últimos dias de temporada. Não posso deixar de ir... Ela foi a única do elenco que não me julgou, que, se não me ofereceu ajuda, pelo menos não me crucificou com sete flechas. Me respeitou durante o processo de trabalho quando eu estava profundamente doente. Tinha de vê-la. E a peça, para minha felicidade, era um sucesso.

Convido Pedro. Seria minha primeira ida ao teatro.

À noite me visto com esmero, maquio meu rosto e estou me sentindo bonita. Pedro vem me buscar. Pego minha bolsa e me despeço de André e de Márcia. Bato a porta de casa. Esperamos calados e ansiosos o elevador. Entramos. Estamos sozinhos. Pedro me olha, puxa meu corpo de encontro ao seu e me beija na boca.

— Estamos brincando com fogo — diz Pedro.

— E daí? — digo, rindo muito, tentando esconder minha timidez.

Dou a chave do meu carro para ele, sento ao seu lado e a sensação é boa, de estar sendo conduzida. Vamos conversando como se aquele beijo rápido não tivesse acontecido, mas meu corpo pede outro. Não senti o seu gosto, preciso de mais.

Estacionamos na garagem do shopping onde fica o teatro e no escuro de uma vaga qualquer Pedro me beija, desta vez longamente, e me beija novamente. E sinto que nossas bocas encaixam, que é bom. Meu coração bate forte.

Durante a peça, que me disseram ser maravilhosa, uma discussão sobre certo ou errado, religião e cultura, vejo e ouço muito pouco. Apenas sinto os dedos de Pedro acariciarem a palma da minha mão, o toque dele é suave e me abandono naquela carícia, vivo um paraíso longe daquela sala, daquelas luzes. Estou viajando em um lugar há muito tempo perdido.

Escondo de Márcia todo esse encantamento. Meus sentidos estão apressados demais. Encontro Pedro todos os dias, saímos para passear, jantar fora, ir ao cinema. Pouco a pouco vou tirando minha amiga de nossas programações e ela se ressente com isso. Não importa. Quero viver essa paixão com toda intensidade. Pedro me pede para namorar. À moda antiga. Temos várias coisas em comum, filhos da mesma idade, casamentos fracassados, somos dependentes químicos, com a diferença de que ele está há 10 anos limpo. Pedro está apenas enfraquecido materialmente. Temos 7 anos de diferença de idade, o que acho muito, porque, como sempre disse, sou um bebê de fraldas. Ele vai cuidar de mim...

Juntos começamos a tocar a obra. Pedro se detém nos mínimos detalhes, acelera o ritmo da construção e os trabalhadores agora sabem que tenho um homem ao meu lado. Me sinto confortável, pouco a pouco passo o comando para ele, os problemas com o marceneiro e com os atrasos de entrega já estavam me desestabilizando e ainda tenho medo de conflitos. Me sinto insegura para resolver os problemas que aparecem no dia a dia. Em Buenos Aires andava sem cadarço no tênis e sem dinheiro no bolso. Não tinha preocupações. Por mais que as oscilações de humor apareçam independentemente dos acontecimentos externos, esses me influenciam e oscilo às vezes por uma palavra dita, que fica gravada em minha mente, uma imagem, uma situação que às vezes só vai repercutir em mim dias depois. Penso que é assim. Talvez esteja errada. Apenas conversei com Dr. Kalina sobre soluções.

Em um domingo ensolarado, vamos Pedro e eu de carro para o Alto da Boa Vista, já faz alguns dias que estamos juntos e esse passeio é especial. Ele me fala do seu passado, dos seus fracassos. Fala dos seus anseios também. Ouvimos músicas maravilhosas no CD, enquanto ele vai me apontando a natureza com toda a sensibilidade. Nos dizemos estar amando um ao outro, já tínhamos dito isso, mas não daquela maneira tão verdadeira. Fazemos planos. Agradeço em silêncio. Amar novamente. Depois de tanto tempo o inesperado aconteceu. Estou apaixonada.

— Já na minha terra, quando a gente diz "eu estou gostando de você, moça", é porque se está apaixonado. Nós não usamos muito essa expressão: paixão.

— Também estou gostando de você, moço. Muito.

Volto para casa à noite. Graças a Deus, Márcia telefona avisando que vai dormir na casa das filhas. Pedro iria dormir comigo.

De noite conversamos muito, vemos um filme e fazemos amor. Antes de dormir falamos de um dinheiro que ele está me devendo.

— Você vai me pagar na próxima semana, não vai? — pergunto a ele.

— Não pensei que tinha prazo para pagar.

— Claro que tem. A não ser que isso seja dito antes.

Antes de dormir, Pedro me conta que está inteiramente quebrado. Percebo sua irritação. Me arrependo imediatamente de ter lhe cobrado algo. Não sabia, ou não quero saber, que sua situação é tão ruim assim. Ele não me perdoara. Fico encabulada. Ele combina de me buscar na Barra da Tijuca no dia seguinte ao meio-dia.

— Os dois carros estarão rodando amanhã. Um comigo, outro com Ovídio. Não vai dar para lhe emprestar — eu digo.

— Meu amor, não estou lhe pedindo nada. Vamos dormir. Até amanhã.

No dia seguinte, ao meio-dia, Pedro não está no lugar que combinamos. Ligo para seu celular.

— Paula, mudei de ideia, vou almoçar com minha mãe. Mais tarde nos falamos, eu ligo.

Durante todo o dia meu telefone não toca. Tento falar com Pedro várias vezes, seu celular chama e ele não atende. Durante toda a semana que se segue acontece a mesma coisa. Seu telefone está desligado ou ele se recusa a atender. Pedro tinha desaparecido.

A psicóloga que me tratou em seguida me disse que eu era como a Bela Adormecida que o príncipe havia beijado. Pedro havia se tornado perigoso para mim.

Viajo para Búzios para tentar esquecer. Márcia vai comigo. Escolhemos uma pousada linda em Geribá, onde tenho planos de alugar uma casa. Saio do Rio à meia-noite, fugida numa sexta-feira de muita chuva. Estava eufórica. Chegamos às 3 horas da madrugada e quero entrar na piscina, sinto vontade de beber todas, Márcia pede dois sucos para nós, ficamos na água por algum tempo e então vamos ao quarto para dormir.

Durmo mal, meio acordada, de manhã estou triste, sinto raiva de Pedro e no meu sofrimento continuo a ligar para ele durante todo o fim de semana, incansavelmente.

Estou obsessiva, agitada e não consigo me controlar.

Finalmente, na segunda-feira de manhã meu celular toca. Quando atendo minha vontade é de gritar. Fico quieta. Do outro lado da linha, Pedro pede suavemente para se encontrar comigo. Friamente digo que estou em Búzios e que não é possível. Ele me pergunta quando, então falo:

— Amanhã, na obra, de noite.

Pedro chega tímido e inseguro, faço força para não me jogar nos seus braços. Fico firme. Estranho meu equilíbrio repentino. Converso com ele, que me pede desculpas e me fala do seu arrependimento, do seu medo de se envolver. De todas as coisas que já tinham dado errado em sua vida. Nos abraçamos com força, o perdoo instantaneamente, digo a ele que conheço sua história, que em muitas coisas é parecida com a minha. Passei por diversas derrotas também. Conversamos sobre nos fortalecermos espiritualmente, em Pedro fazer uma terapia. Confio nele.

São quatro meses de inebriante felicidade e diversas decepções. Pedro me ama e não me ama. Está e não está. Foge, desaparece.

Somos uma família às vezes. Passamos Natal e Réveillon juntos, sonhos e planos, sexo até o anoitecer.

Estamos morando juntos. Roupas no guarda-roupas. Escovas de dentes. Uma mistura de odores e hábitos que são para mim a eternidade.

Um fim de semana vazio. Não sei onde Pedro está. Seu telefone chama e ele não atende. Dessa vez por muito tempo. Sabe que sou eu. Não vou entender nunca esse prazer de torturar, essa doença mórbida. No domingo, finalmente ele atende ao telefone. Palavras de indignação saem da minha boca e ouvem o silêncio do outro lado. Pelo amor de Deus, que diga alguma coisa, tínhamos nos despedido na sexta-feira com um longo e apaixonado beijo e um carinhoso "eu te amo". De Pedro agora ouço:

— Não quero mais. Acabou.

Segunda-feira, Pedro arruma sua mala e parte, sem mais explicações. Um dia saberia a dimensão da sua doença.

Agora não sei de nada. Não estou preparada.

# Capítulo 9

Estou deitada em uma cama. Não aguento a dor da separação. Não sinto tristeza. Tenho depressão. Falta de força nos braços, nas pernas, vontade de nada, pensamentos ruins sobre tudo e sobre todos.

Me torno agressiva.

Minha mãe, minha irmã Isabella e Márcia cuidam de mim. Doutor Kalina é acionado. Tomo as seguintes medicações que me foram dadas por ele: ziprazidona, gabapentim, lamotrigina, topiramato e os que trago do exterior, modafinilo e pregabalina. Foram essas substâncias que salvaram minha vida, em doses meticulosamente estudadas.

Meu médico acalma a todos, me chama ao telefone, diz que aquilo é passageiro, fala a Márcia para aumentar a dose de lamotrigina por dois dias. Dra. Silvia tenta conversar comigo ao telefone, estou aos berros, ela mesmo assim me diz palavras preciosas. Que não aceito perder.

No dia seguinte me levanto e proponho a minha irmã, que dorme ao meu lado, a Márcia e a seu recente namorado, a minha mãe, para quem telefono rapidamente, irmos à praia. Estou me sentindo estranha, cheia de energia. Vamos todos.

Atravesso a rua meio cambaleante. Estão todos temerosos. Sento em uma cadeira colocada para mim por Márcia. Peço Coca-cola e tomo vários copos, contrariando o que Dr. Kalina insiste para eu não fazer. Sinto que falo depressa e digo coisas desconexas. Começo a sentir medo. Emudeço no temor das minhas sensações. Minha família querida me traz de volta para casa. Durmo a tarde e a noite toda.

Hoje. Já é de manhã. Não posso deixar isso acontecer. Me levanto com dificuldade. Estou sóbria. Vou voltar a viver. Sou um milagre divino. Pertenço a outro lugar.

Os dias passam e Pedro continua doendo em algum lugar do meu coração.

Mudei-me há dois meses. Adoro minha casa, cada recanto foi feito por mim e Pedro com muito carinho, penduramos os quadros, mudamos sofás de lugar, compramos mesa e cadeiras, escolhemos os estofados. Ficou linda. Sentávamos às vezes e ficávamos olhando tudo com prazer, como construtores apreciando uma obra de arte.

Durante meu relacionamento com Pedro e a adaptação ao meu novo apartamento tive uma crise de pânico rápida. Alguns dias de muita ansiedade a antecederam. Sensação de que tudo vai se perder. De que algo ou alguém vai me atacar, falta de ar, morte. Minha cabeça começou a rodar quando percebi que tinha de reger uma casa e uma família novamente. O medo de perder Pedro. O medo de perder minha casa. O conhecimento das notícias dos jornais. O possível resgate do meu trabalho. O mundo caminhando a passos apressados. Não sabia mais ligar um computador. Estava apavorada. Não conseguiria. Pânico.

Procurei um psiquiatra no Brasil em quem o Dr. Kalina confiava: Dr. Frider. Ele me proibiu Coca-cola com café, mistura que estava fazendo constantemente. Dessa vez o médico aumentou a dosagem de pregabalina.

Penso na minha separação de Pedro. Recaí. Isso faz parte da doença, mas não faz parte da recuperação. Sou bipolar e sabendo disso tenho de me proteger mais. Poderia ter percebido. Vou correr riscos preciosos, não riscos previsíveis.

Volto da praia com Márcia e André em um dia da semana ensolarado. Meu filho está de férias. Dirijo meu carro com tranquilidade, quando o celular toca. O telefone está ao meu alcance e atendo, coisa que nunca faço. Do outro lado da linha, Henrique, o diretor da escola de teatro em que trabalhava, me dá boas-vindas e me pergunta alegremente como estou.

— Estou ótima. Com saudades de você. Quero que me desculpe por todos os transtornos que causei. Meu laudo estava errado, não sou depressiva.

— Quero saber como você está agora

— Me sinto bem. Estava internada em uma clínica na Argentina. Fui tratada corretamente pela primeira vez, Henrique. Agora sei o que tenho. Hoje posso viver como as outras pessoas.

Deve haver algum resíduo de pagamento a ser feito para mim. Não entendo a razão daquele telefonema.

— Bem, quando começamos a trabalhar novamente? Você está pronta para o primeiro semestre?

Tive de segurar bem o volante com uma mão, comecei a chorar e Henrique ouviu a minha emoção.

— Obrigada por ainda confiarem em mim. Começo em março. Estou muito, muito feliz.

— Um beijo para você.

Desligamos o telefone.

Márcia e eu gritamos de alegria dentro do carro, parecíamos duas loucas. A vida estava só começando. O mar se aproxima da areia e agora sabia que o inesperado era inevitável. Tinha de estar preparada.

Entregar minha vida e minha vontade a Deus. É tão mais fácil! Se entrego, o peso fica tão menor... Mas para mim é difícil. Um dos traços da minha personalidade ou uma das comorbidades da bipolaridade é que sou compulsiva e obsessiva, me detenho em determinado pensamento e as pessoas conversam do meu lado, os carros passam, os sinais fecham e abrem e apenas sigo com aquele pensamento. Quase sempre é algo que me incomoda e não posso resolver, mas mesmo assim minha inteligência não funciona e continuo me martirizando, sempre com aquele mesmo pensamento. Se entregasse a Deus, seria melhor do que qualquer medicamento que tomasse, se é que há medicação para isso. Quando entro em compulsão, às vezes euforia, quando não compro, eu bebo. Ou então é como agora, quando checo as coisas mil vezes, percorro a casa arrumando e perfilando livros e quadros, puxando e repuxando o lençol da cama para que não haja uma dobra. Dr. Kalina diz que esse transtorno obsessivo compulsivo é para controlar a mania. Faz sentido. Coloco tudo em uma suposta ordem, penso em uma coisa obsessivamente para não entrar em uma agitação enlouquecida. Controlo a irritação, a loucura iminente. Para falar a verdade, não sei o que é pior. É para rir.

Chances de cura? Tenho plena consciência de todo o processo e esse é o primeiro passo.

Volto a dar aulas em alguns meses. Essa possibilidade me salva e me ampara. Será o primeiro contato real com gente. Até agora eram Márcia, André, Pedro e seu filho. Não telefono para amigos. Leio pouco o jornal, estava me fazendo mal. Minha memória está muito ruim devido aos choques elétricos a que me submeteram. Não guardo nomes, esqueço acontecimentos recentes e me lembro aleatoriamente do meu passado. Como posso dar aulas? O que vou dizer para os meus alunos? Quais são os nomes dos meus autores prediletos? Onde estão as minhas referências? Onde está tudo que sei? Entendo então que não posso começar esse trabalho. O que vou dizer a Henrique? Que estou desmemoriada?

Estou assustada com esse pensamento repentino.

Graças a Deus tenho consulta à tarde com Dr. Frinder. Apesar de não alterar a medicação passada pelo Dr. Kalina, que acha irretocável, uma jogada de mestre, ele conversa comigo, está lá para qualquer emergência e me passa as receitas dos remédios que preciso tomar. Coloca um termômetro em mim, confio nele.

— Dr. Frinder, estou à beira de uma depressão. Não posso dar aulas. Não poderei dirigir peças de teatro. O que aconteceu comigo me impossibilita. Minha doença é implacável.

— Você pode fazer o que quiser. Sua medicação está correta. Vou indicar a você uma grande neurologista, ela vai ajudar em tudo a que se refere a sua perda de memória, nos danos que os choques e as drogas fizeram ao seu cérebro. O nome dela é Dra. Leda.

Ele telefona para essa médica imediatamente, fala do meu caso e marca um horário para mim.

Segunda-feira de manhã. O consultório da Dra. Leda é a três quadras da minha casa. Me visto, coloco meus óculos escuros e vou andando pela Nossa Senhora de Copacabana rumo ao seu encontro.

Nessa avenida se encontram todos os bipolares do mundo! Mendigos, bêbados, meninas distribuindo folhetos que se apanham por solidariedade, velhos maluquinhos cheios de vida e prontos para a morte, prostitutas indo e vindo do trabalho, um desfile de personalidades totalmente comuns e absolutamente peculiares.

Toco a campainha, a secretária Esmeralda vem me atender sorridente, pede que me sente e espere um pouco na antessala. A porta se abre, Dra. Leda é alta e elegante. Sentamos a uma mesa e relato tudo o que aconteceu comigo.

— Paula, sua memória pode ser recuperada. Preciso saber que áreas foram afetadas. Onde você apresenta maiores dificuldades. Então poderemos começar um trabalho.

É uma esperança. Começo a dar aulas de teatro depois das férias. Temos então três meses pela frente. Fazemos todos os testes, o laudo diz que ainda apresento um quadro de depressão, o que dificulta a retomada das minhas atividades, que o meu cérebro foi afetado, mas que os dados estão todos armazenados. Preciso então trabalhar para que sejam acionados e assim virem à tona.

Peço, ou melhor, imploro a Dra. Leda que comece minhas sessões o mais rapidamente possível, que não suporto mais esquecer nomes. Encontrar algum conhecido na esquina é um problema. Digo a ela que não sei mais o que estudei, o que aprendi. Ela então me acalma e diz para eu ir para meu escritório e rever todos os livros. Para ler e ver filmes. Digo a ela que muitas vezes leio uma página e quando passo para outra já esqueci o conteúdo da primeira. Ela me diz para não desistir.

Começamos nosso trabalho. Estou sempre com um livro na mão, leio, releio, memorizo, repito. Discutimos teatro e religião. Filosofamos. Leda é culta. Percebe a linguagem do teatro sendo uma neurologista! Estou encantada por ela. O trabalho segue. Ela me aconselha a entrar na internet e pesquisar. Consigo finalmente. Com o passar de um mês, viro a madrugada em frente ao computador. Separo peças para ler e sonho com meu próximo projeto. Começo a me sentir familiarizada com meus autores, com as peças que fiz, os livros e quero mais. Uma curiosidade animal toma conta de mim. Sou Paula outra vez.

Continuo trabalhando com Dra. Leda. Minha memória vai e vem. Quero descobrir como fazer coisas novas aproveitando meu suspense. Estou voltando novamente.

Muitas coisas aconteceram desde de que cheguei ao Brasil. Faz apenas seis meses que saí da Clínica Santa Rosa. Há quase oito meses ainda estava em uma cama, adormecida, sofrendo dores insuportáveis.

Estou caminhando pela praia, são quase 6 horas da tarde e o dia já começa a escurecer. Quando for dormir à noite, sei o que vou encontrar quando acordar. É estranho falar assim, mas minha vida inteira dormia com medo do dia seguinte. Poderia acordar escravizada por uma depressão sem fim ou também levantar bem-humorada, talvez agitada... Era terrível estar entre berros e às vezes excessiva calmaria.

O que fazer agora que tenho a vida quase de volta? Sinto a doença como um prolongamento de mim, tomo 21 cápsulas de remédio por dia. No café, no almoço, de tarde, de noite e antes de dormir. Acho engraçado as pessoas se autonomearem bipolares. Ei! "Todo mundo é bipolar!" Não é bem assim... E olha que não gosto de ser irônica. Mas bem, o que fazer agora que tenho minha vida de volta? Preciso esquecer um pouco essa doença. Ela cuida de mim. Eu cuido dela.

Pedro anda dizendo por aí que não me aguentou. Mentira. Ele tinha outras razões. Apenas agora sei. Ele não conseguiu tirar mais do que tirou. Mas há coisas que são segredo. Que se tem medo de revelar até em voz baixa. Hoje não tem essa de não me aguentar. Às vezes fica difícil, mas é tanto amor, tanto equilíbrio, mesmo no desequilíbrio, que o mundo é bem-vindo.

Tenho de recorrer ao meu talento para resolver coisas que penso que não sei resolver, ser mãe, dona de casa, artista, pagadora de impostos, quem sabe amante.

Saio muito pouco, quase não tenho amigos, lugares e pessoas me assustam, fui mudando com a idade ou com a doença. As pessoas me parecem tão superficiais... Procurei alguns e obtive respostas vagas: "E aí, Paula, tudo bem? Desapareceu... O que você está fazendo? Estou na maior correria..."

Percebi que os amigos verdadeiros se decepcionaram com meu pouco caso, com meu egocentrismo, com minha arrogância, passei muito tempo sem ter nada para dar. E os colegas de profissão estão interessados em quando vou chamá-los para o próximo trabalho. Me sinto só. Ainda sinto a ausência de Pedro e não sei se posso fazer alguma coisa sem homens e mulheres.

Penso então que tenho Dra. Leda e Márcia. Um time pequeno de mulheres, mas parceiras, e no fim de semana solitário às vezes choro. Márcia está namorando firme.

São 10 horas da manhã de sábado, acordo tonta porque os medicamentos da noite não permitem que saia pulando da cama. André ainda está dormindo, que alívio! Faço meu café descafeinado. Rebeca está de folga. Arrumo minha cama. (É claro que não conseguiria começar o dia com a cama desarrumada!) Abro as cortinas e vejo um sol lindo lá fora. Dia de ir à praia. Nem pensar! Acordo André. Adolescente desperta mal-humorado, mas mesmo assim o beijo, o agarro e o chamo de "meu Tuta". Meu filho vai jogar futebol, fico sozinha em casa. E agora? Vou para o meu escritório. Enfim encontro a salvação. Desço livros da estante, faço pilhas de peças não lidas sobre a mesa, leio trechos de autores trazidos da Argentina e sento em frente ao computador. Levanto. Coloco um CD de Rachmaninov. Gosto de músicas fortes. De pensamentos que me fazem pensar. Alguns me denominam maldita no meio teatral. Não concordo. É certo que gosto de autores densos. Me envolvo com o teatro em que se entra e se é apunhalado por um sentimento ou indagação. E isso é tão raro... Mas algo tem de acontecer! Não sou maldita porque não gosto dessa palavra. Sou bendita ao tocar ou querer tocar a alma das pessoas. Artaud, quando criou o teatro da crueldade, todos entenderam como sangue e ele estava falando de um teatro difícil, principalmente para si próprio.

Concordo que minha bipolaridade comandou minhas escolhas. Falei muito de compulsão, de obsessão no teatro. Como diz Madonna, "tudo o que faço é autobiográfico". E dá para não ser?

Amo Samuel Beckett, aquele que é incompreensível para a maioria das pessoas, impossível. O que diz: "Nada é mais engraçado do que a infelicidade." O dito pessimista que não nos dá o direito de sofrer. "O céu ainda pode desabar sobre nossas cabeças", diz Antonin Artaud. Então, preciso ter cuidado com o meu próprio sofrimento.

Talvez não se ganhe dinheiro com o teatro. As pessoas talvez não estejam interessadas no que digo. E minha estética, na qual confio e de que me orgulho, pode não agradar à maior crítica da cidade. E daí? Penso com carinho.

O telefone toca. É Francisco Lucas, esse sim o meu melhor amigo. Não daqueles diários, mas dos em que se confia. Que me ama ainda. É escritor. Um poeta. Encenei duas peças escritas por ele.

— Alô. Sou eu, Francisco.

— Meu amor, estou aqui envolta em peças, procurando um texto para montar com os alunos lá na escola. Uma montagem amadora para treinar. Depois parto para meu primeiro projeto, que para mim é o primeiro. Acho que você me entende.

— Não estou acreditando. Liguei porque queria dizer a você que acabo de editar meu romance e que quero escrever uma peça para você dirigir.

Fico muda. Ainda não acredito que alguém queira trabalhar comigo novamente. Creio que pensam que vou causar estragos.

Francisco continua:

— Será nossa trilogia. Sobre o que você gostaria de falar?

— Sobre um milagre — eu digo.

— Adoro essa palavra. Ela é linda! E veja bem: quem não quer ser abençoado por um milagre? O teatro vai lotar!

Começo a rir. Pode ser legal.

— Então, Francisco. Começe. Quero jovens no elenco. Desejo que as pessoas sintam, pensem, mas saiam leves e felizes do teatro. Ninguém aguenta mais tanta depressão.

— Eu te amo — ele diz.

— Tchau.

Volto aos meus livros argentinos. Francisco é Francisco. Mas montar uma peça argentina também não me sai da cabeça.

De repente me sinto cansada. Os pensamentos negativos começam a surgir, um a um. Jamais montarei uma peça novamente. Não há atores. Não há teatro que me queira. Vou ser execrada pela crítica. Não vou conseguir subir no pódio novamente. Já estou velha demais. Todas as ideias que tive foram embaraçadas por mal-entendidos, que, sei, podem ter prejudicado a própria criação. Devo ter errado demais.

Há muita gente que adora meu trabalho, mas não são influentes. Os que regem a arte neste país não me conhecem mais. Sou imprópria, inapropriada. Não recebo mais convites para festas. Nas entregas de prêmios para meus colegas de profissão, para mim não há mais lugar nem na plateia. Se nem estou na plateia, como posso querer estar no palco?

Me sinto mal. A casa está vazia. Estou com medo. É claro que a cama está muito afastada de mim, mas ligo para minha mãe e peço socorro.

A eterna mudança de humor.

Hoje é meu primeiro dia de aula na escola de teatro. Vou dar aulas à noite. Pedi isso a Henrique. Não tenho mais medo de passear de carro pelas ruas nesse horário e quero me testar.

Minha sala fica no terceiro andar. Já dei várias aulas ali e fiz inúmeras montagens. É uma sala de que gosto especialmente, e cá estou bem adiantada da hora, esperando os alunos chegarem. Eles entram pela porta displicentemente, sem notar a mistura de prazer e horror que toma conta de mim. Os minutos passam e nada acontece. Eles conversam entre si, alguns me cumprimentam. Há um desinteresse absoluto.

Repentinamente me sinto instigada. Dou a palavra de ordem. Junto todos ao meu redor. Digo quem sou profissionalmente, tento ser o menos arrogante possível, o que para mim é uma dificuldade, mas acho que estou conseguindo. Falo do projeto de montagem da peça com entusiasmo, propondo o primeiro exercício. Distribuo as cadeiras, pego uma mesa para mim, coloco caderno, pauta, cigarro, refrigerante e inicio o que por um longo tempo viria a me dar estabilidade. Estou criando em conjunto. Estou ágil e sensível aos movimentos da encenação novamente. Vou dirigir uma peça com eles que se chamará "Quarto Movimento", trechos de três peças do realismo, do teatro crítico e do teatro do absurdo. Entre os atos entram grandes pensadores do século XX.

Adoro o projeto, acho desafiador. Penso que é difícil também. Mas que graça se não fosse? Não seria eu.

# Capítulo 10

Quase todos os dias estaciono o carro diante da escola ao anoitecer. Minha vida, enfim, ganhou uma rotina. Faço ginástica de manhã, celebrando a transformação do meu corpo, que está irreconhecível para aquela mulher de 90 quilos. À tarde vou à Dra. Leda, estudo a montagem que estou criando com os alunos e também talvez esteja viciada em internet... Aprendi a bobagem do Orkut e me divirto com mensagens rápidas e pouco significativas, mas que para mim já representam uma aproximação com as pessoas e o mundo.

Estou no meio do caos da distribuição de papéis hoje na sala de aula, nunca há texto para todos.

— Professora, posso passar na sua casa, de madrugada, para pegar uma xerox?

Esse aluno adora me provocar.

— Pode. Aliás, você só vai se tomar sorvete de chocolate quando estiver comigo lá hoje à noite.

Vejo o garoto ruborizar. A turma começa a rir. Sinto uma satisfação enorme. Os remédios não cortaram minhas unhas.

Essa é minha última aula antes do feriado que vai me levar de volta à Argentina. Serão poucos dias, apenas quatro. O bastante para consultas com o Dr. Kalina, fazer uma terapia intensiva com a Dra. Silvia, a que chamei pelo telefone com o Dr. Eduardo de terapia "Ajax" e ele entendeu perfeitamente. Aliás, quando não está trabalhando ele é um piadista dos melhores, um contador de causos, e do Brasil ele tem vários. Ele não só fala nossa língua como entende nossa ginga.

Márcia vai comigo. Márcia é a minha doença e a cura dela. Seria o pior e o melhor da minha vida. Os problemas estavam começando.

Combinamos tudo, ela iria dormir na minha casa porque embarcaríamos de manhã cedo.

É 1 hora da manhã, Márcia ainda não chegou. Está com seu namorado, Sérgio, e parece não perceber que preciso dormir. E, para piorar a situação, Sérgio irá para os Estados Unidos e tem planos de levar Márcia com ele. O que será de mim?

Duas horas da manhã, a campainha toca.

— Você está louca? — digo. — Não tem cuidado com as pessoas? Pensa que posso ficar acordada pela eternidade...

— Pare de gritar, Paula. Ainda bem que amanhã o avião a leva diretamente para o Dr. Kalina. Fale para ele dos seus gritos, da maneira como trata as pessoas, do seu nervosismo. Se quiser, vá sozinha.

Essa garota não vale nada. E preciso dela.

Meu Deus! Preciso dela.

— Não trato as pessoas mal, Márcia. Esse era outro tempo. Não vou viver com as pessoas me lembrando e me fazendo acreditar que sou o meu passado. Ainda grito, sim. Mas não agrido mais. Há uma grande diferença.

— Paula, conversa com a Dra. Silvia, vai... Você precisa.

Entro no meu quarto enlouquecida. Será que por ser bipolar e estar medicada teria de virar santa? Já percebi minha mãe pedir de várias formas isso para mim. Minha irmã também. Cura sinônimo de santidade. Que nada! Além de bipolar, tenho vários transtornos de personalidade, cresci toda errada e estou tentando dar jeito agora.

Que me deem um tempo.

Deito e apago a luz. Faltam algumas horas para estar no avião. Alguns momentos para estar com Dr.

Kalina e Dra. Silvia. E amanhecer com Márcia não será fácil.

Acordamos com uma falsa alegria. Afinal, era meu retorno a minha cidade "natal". Onde tudo tinha acontecido. Rever as ruas, os cafés e, mais do que isso, ser recebida por Dr. Kalina e Dra. Silvia novamente. Até então todo o nosso contato tinha sido telefônico, consultas enormes, em que dosagens em alguns momentos eram alteradas e a Dra. Silvia tentava colocar os meus pés na realidade.

Últimos preparativos.

— Márcia, você vai dizer para a Dra. Silvia que vai me deixar?

— Paula, não começa, senão essa viagem vai virar um inferno.

— Mas você errou ontem. Sabia que eu estava ansiosa. Era nossa viagem tão esperada! Não poderia ter me feito esperar. Pensei que faríamos planos para estes dias, falaríamos um pouco do que ver e rever.

— Paula, estou apaixonada por Sérgio. É meu namorado. Quis esticar com ele um pouco mais.

Essas palavras arrebentam meu coração. Ela tinha preferido ficar com Sérgio do que curtir aquele momento tão especial.

Márcia sempre foi para mim o que fui para ela: tudo. No seu aniversário, apesar da presença das suas filhas, o primeiro pedaço de bolo veio para mim. E nada foi estranho. Sabíamos que nada era mais importante do que a presença de uma na vida da outra. Nos ajudamos, nos amparamos. De alguma forma renunciei a Pedro por causa dela. Ele não a suportava. Haveria de nascer um homem que nos separasse. E agora? Mas a razão maior do meu espanto era a iminência de Sérgio levá-la para o exterior. Não sei viver sem ela. Ao mesmo tempo isso me enche de raiva e apreensão. Sei que não é uma relação normal.

Vamos de táxi para o aeroporto, ela foi inteligente o suficiente para dispensar Sérgio de nos levar até lá. No carro começamos a conversar animadamente. Nada tinha mudado. Era só ela estar ao meu lado.

— Vai ser melhor ficarmos mesmo em um apart hotel, não é, Paula?

— Você não olhou as fotos pela internet? — digo, rindo.

Estamos indo para um lugar indicado por amigos, barato, mas do qual não temos a menor ideia de como é. Parece um casarão antigo, com alguns apartamentos de dois e três quartos para alugar.

— Se for horrível, pelo menos é na Recoleta, e então passamos o dia na rua e vamos dormir na praça perto do cemitério.

Caímos na gargalhada. Esse era um dos pontos fortes da nossa ligação, ríamos muito, mas muito mesmo, de tudo, de todos e principalmente de nós mesmas.

— Graças a Deus você não vai dar escândalo no avião. Esse risco não corro mais. Era a verdadeira vergonha alheia. Aliás, falando de vergonha, foi o que mais passei com você — ela diz.

— Márcia, olha que você está se esquecendo de alguma coisa. Eu não estava presente, mas os bombeiros estavam lá para resgatá-la em cima de um poste, na loucura do seu passado.

Pronto. Começamos a rir novamente. Duas palhaças indo para Buenos Aires. A sombra da nossa separação tinha se diluído e eu a tinha inteira, ansiosa para ver as mesmas coisas que eu: onde tudo havia começado.

Adoramos viajar de avião, o problema todo é não poder fumar. Fazemos o *check-in* e vamos imediatamente para o lugar onde é permitido tragar sem olhos críticos nos mirando. Sentamos nos banquinhos altos dentro do quiosque e ficamos falando de Samuel, nosso guia em Buenos Aires, um homem que tínhamos conhecido e que, quando eu tinha permissão para sair da clínica, havia nos levado para vários lugares bonitos da cidade. Ele nos levava no seu táxi, para compras e pontos turísticos. Samuel e Márcia tinham tido um pequeno caso amoroso. Estava torcendo para que algo voltasse a acontecer e Sérgio saísse de campo definitivamente. Não tenho nada quanto ao pobre rapaz, mas com o fato de cada vez mais Márcia falar em se casar, em viver com ele do outro lado do mundo. Não sei o que dizer.

Entramos na aeronave. O tubo me envolve e novamente não falha comigo. Está me levando para minha salvação. Estou segura desta vez, cumprimento comandantes e aeromoças e vou procurar meu assento com familiaridade.

Voamos tranquilas, Márcia dorme e eu imagino a cidade. Passo os olhos pelo rosto do Dr. Kalina, da Dra. Silvia. Será que vou ver Lúcia? Não está frio.

O avião pousa. Márcia e eu estamos na expectativa de viver todo um passado outra vez. Descemos as escadas do avião e pisamos em solo argentino.

Não se vive nada duas vezes.

Samuel nos espera no salão do desembarque, está feliz de nos rever. Penso que nunca ciceroneou duas pessoas tão loucas na sua vida. Ele se agrada disso. Todos querem de alguma maneira sair de seu cotidiano. E Márcia e eu proporcionávamos isso a ele.

Entramos no carro rumo ao pequeno apart hotel. Converso muito com Samuel, enquanto Márcia fica calada ao meu lado. Sinto que está constrangida.

Chegamos ao lugar. Uma pequena porta e um sobrado. Entramos em uma sala decorada como um antiquário, com móveis franceses recordando o século retrasado. A moça nos leva ao apartamento, que é dividido em uma sala de chão quadriculado em preto e branco, com sofás e poltronas também em preto. Um biombo separa a cama de casal e o banheiro. No canto da sala há uma mesa de fórmica azul e uma pequena cozinha. É um estranho lugar. Talvez charmoso. Um pequeno *studio* francês.

Samuel coloca as malas no quarto e tenta um beijo de despedida em Márcia, que se esquiva. Os dois levam na brincadeira e riem. Ele nos levará mais tarde à casa do Dr. Kalina.

Antes de abrirmos as malas, Márcia separa minha medicação em dias e horas. Ela cuida e sempre cuidou dos meus remédios. Telefona para as farmácias e procura os melhores preços, vê o que vai faltar com bastante antecedência e me lembra constantemente dos horários de tomá-los. Claro que agora é remunerada por seu trabalho comigo.

Sinto dessa vez que ela o faz de má vontade. Está séria e parece não gostar do lugar.

— Paula, você bem que poderia cuidar da sua medicação, você não acha?

Olho para ela atordoada. Sei que ela tem razão. Mas essa pergunta esconde muitas coisas.

— Márcia, largue todos esses remédios agora, que vou separar tudo sozinha.

— Quero ver como vai fazer a contagem com o Dr. Kalina do que vai precisar comprar aqui — diz ela.

É um jogo. Ela quer e não me quer na sua dependência. Eu quero estar perto e o mais longe possível dela.

Esse pensamento naquele momento é apavorante. Estamos as duas trancadas no quarto. E pela primeira vez nos olhamos como duas estranhas.

— Por que você não confessa logo que vai viajar, Márcia? Pare de se esconder. Você pensa que não vou saber viver sem você? Me ajudou a romper com Pedro com sua manipulação e obsessão por mim e agora vai viver sua vida longe. Longe de remédios, não é?

— Cale a boca, Paula. Se você ficar falando dessa minha viagem, volto para o Brasil agora e a deixo aqui sozinha. E o Pedro é um canalha que a deixou porque quis, dando a desculpa para os amigos de que eu era uma interferência na sua vida. Talvez fosse mesmo. Para as maldades que ele poderia vir a fazer com você.

— Mas era a minha vida! — grito.

Começamos uma discussão pesada. Muitos ressentimentos. E quando discutimos nos agredimos feio, por meio de baixarias vindas de Márcia e pedradas certeiras na sua autoestima dadas por mim. Estou louca.

Depois o silêncio. Não estou acreditando que me encontro em Buenos Aires com ela agora. O meu anjo. Sinto raiva, ódio, vontade de matá-la. Sei que vai embora. E não me diz.

Tomo um banho rápido. O chuveiro é horrível. Trocamos de roupa sem nos olhar. Márcia veste uma roupa linda. Não sei o que colocar. Fico ridícula. Meu cabelo está grande e feio. Me sinto mal.

Samuel chega para nos pegar. Ele e Márcia começam a brincar. Apesar de ela ter dito que não trairia Sérgio, é pura sedução e o motorista fica louco. Estou sozinha. Perdi minha graça. Estou triste.

Os fatos me abalam muito mais do que precisam. Os pensamentos negativos ora me deixam nervosa e agitada, ora me deixam absolutamente deprimida. Não passo batido por nada. Me preocupo demasiadamente com o futuro e ainda me ressinto com o passado, o presente se anula e todos se afastam. Sou uma pessoa só. É apenas nisso que penso agora, dentro da barulheira que Márcia e Samuel fazem dentro do carro, entre risos e rádio a caminho da casa do Dr. Kalina.

Márcia é uma mulher feliz, a cada momento se transforma.

Paramos em frente ao prédio daquela rua larga cheia de edifícios luxuosos onde tudo começou. Não quero ser recebida como uma paciente qualquer e penso que, pelo fato de ele ter me recebido desde o começo para consultas e terapia com a Dra. Silvia em sua casa, eu também deveria significar algo para eles, mas também não sei ao certo o que seria.

Márcia e eu entramos no elevador, o clima é pesado e sinto que é injusto trazer um problema que não seja a minha recuperação.

Eles nos recebem com um grande abraço e sinto uma emoção forte dentro de mim. Vamos ao seu escritório, onde eles se sentam de um lado da mesa e nós do outro. Nada havia mudado, a não ser o carpete, que havia sido retirado e que para mim significava muito aconchego. Ainda tenho dificuldades com mudanças.

— Como você está, Paula? Continua reagindo bem às medicações? — pergunta o Dr. Kalina, direto como sempre, mas atento, eu sei, a cada palavra que eu disser.

— Eu ressuscitei. Vivo uma vida normal, dou aulas. Me sinto muito agitada por não estar participando ainda efetivamente das coisas. Quero dirigir uma peça de teatro. Penso em abrir uma escola de teatro. Quero trabalhar na televisão novamente.

— Pelo que está me dizendo, internarei você na Clínica Santa Rosa em poucos meses.

Fico espantada com aquelas palavras. E vejo que ele está falando sério.

— Por que não posso fazer tudo que quero? — pergunto a ele.

— Pode, de maneira muito mais vagarosa do que o resto da humanidade. Não há permissão para o bipolar, para você, resistir, lidar com três, quatro atividades de uma só vez. A mania vai começar a atuar de maneira ativa, como já está acontecendo. As demasiadas expectativas que tem vêm causando uma oscilação no tratamento desde que chegou ao Brasil, como você tem me relatado por e-mail e telefone.

Não me conformo. Não há mais tempo. Como assim, "vagarosamente"? Minha cabeça explode de ideias.

Percebo que poderia ter dirigido muito melhor minhas peças. Que quero entender mais de cenário, de iluminação. Quero aprender a costurar. Quero operar som e luz. Penso na escola de teatro como algo rentável e, mais do que isso, vocacional.

— Você está me entendendo, Paula? É muito importante que pense sobre isso.

— O que o senhor quer que eu faça exatamente com a minha vida? — já digo entre lágrimas.

— Que faça uma coisa de cada vez. Uma ideia, uma ação praticada. Focar em algo e criar a menor expectativa sobre o que faz. Cuide da casa, do seu filho, das suas atividades físicas. Faça uma peça. Isso seria uma vida saudável para você.

Continuo a querer brigar.

— Mas, Dr. Kalina, estive muito tempo parada. Estou fora do meu meio social, minha carreira está de lado e preciso fazer dinheiro...

— Priorize o que é mais importante e comece a colocar sua energia apenas nisso. Não estou dizendo que não vai alcançar seus sonhos, apenas que sua condição não permite pensar e executar várias tarefas simultaneamente.

— *Despacio*, Paula — a Dra. Silvia diz suas primeiras palavras, como se quisesse me fazer lembrar alguma coisa.

Nos despedimos, marcando a próxima consulta para o mesmo lugar e a mesma hora.

Saio da casa do Dr. Eduardo Kalina em um estado que não sei determinar, sou e me tratam como uma pessoa doente. Quando isso vai acabar? Tomo muitos remédios por dia. Antipsicóticos, estabilizadores, estimulantes... mas essa não seria a salvação? Essa é a salvação. Apesar de alguns altos e baixos, sinto que minha vida é normal dentro de todas as anormalidades existentes. Reajo com equilíbrio, abandonei os gritos e os rompantes, não me canso, não desanimo, penso negativamente, mas mudo o pensamento, oro e vivo. Está tudo bem. Não por instantes apenas.

E sigo pensando nessas coisas todas enquanto entro no carro de Samuel, com Márcia, que parece não se importar com meu silêncio e não faz qualquer comentário sobre a consulta que tive.

Samuel nos leva de volta ao apart hotel, quero ler as peças que estou ensaiando, quero telefonar para minha mãe.

Na entrada do hotel, Márcia pede para que eu tire algumas fotos dela. Pego a máquina com prazer e saímos andando pelo quarteirão, ela para e faz poses para mim. Está exuberante. Olho as fotos na máquina digital e estão maravilhosas. Agora é minha vez. Estou forçada. Desajeitadamente faço uma cara qualquer. No visor, uma porcaria. Fico frustrada.

Voltamos para casa e subimos no elevador antigo em silêncio. Entramos no nosso apartamento. Estou cansada. Este é apenas o primeiro dia, outros ainda virão.

Dia seguinte. Márcia acorda antes e prepara o café. Estou acostumada a tomar o café preto na cama antes de levantar e ela me leva a caneca e me entrega com desleixo.

— O que vou ficar fazendo enquanto você faz terapia com a Silvia? — pergunta ela.

Tudo me parece estranho.

— Você sempre não esperou na sala ou ia dar uma volta ali por perto? — afinal, ela estava em Buenos Aires para isso.

— Estou de saco cheio — diz ela.

— Qual é?

— Por que eu preciso lhe trazer café na cama? Você é aleijada, por acaso? Por que você não faz o café uma vez na sua vida?

— Você está odiando estar aqui, Márcia. Você gostaria de estar com o seu namorado. Você não tem coragem de me dizer que vai viajar e morar em outro país com ele. Você é irresponsável. Você se responsabilizou por coisas e não pode largá-las assim, sem mais nem menos. Se comprometeu a produzir a minha peça de estreia depois de tanto tempo, você sabe o que isso significa para mim?

— Você tem de parar com essa dependência.

— Dependência que você adorou ajudar a criar.

Samuel toca a campainha. Enxugo minhas lágrimas. Estou malvestida e essa viagem parece um pesadelo. Meu reencontro com a cidade! Essa moça está conseguindo estragar minha alegria, minar minhas recordações.

Vamos calados no automóvel. É pleno verão na cidade. Muito diferente daquele julho gelado, em que Márcia e eu andávamos de casacão, meias e luvas pelas ruas, soltando fumaça pela boca enquanto falávamos.

O carro estaciona em frente ao prédio.

— Samuel e eu vamos passear, daqui a uma hora e meia mais ou menos passamos aqui para pegá-la — diz Márcia seriamente, de maneira brusca e autoritária.

Desço do carro rapidamente, sem dizer coisa alguma. Bato a porta e atravesso a rua sem olhar para trás. Meu sentimento é de muita raiva.

Dra. Silvia abre a porta gentilmente para mim. Eu a abraço e digo como estava com saudades, a falta que ela me faz. Dr. Kalina é a escada, Dra. Silvia é o céu. Ele me impulsiona, ela me faz compreender e agir.

Sentamos no escritório e logo começo a falar de Márcia, do meu medo.

— Não sei o que fazer sem ela. Não conheço ninguém a não ser ela e sinto que vai me deixar. E da pior maneira possível. De repente. Sem aviso prévio. Ela diz que não. Eu sei que sim.

— Paula, não acredito que Márcia vá fazer isso assim. Que vá embora tão rapidamente como você está pensando. Na realidade ela é mais do que uma amiga, ela é sua acompanhante terapêutica. Ela tem responsabilidades que trouxe para si ao longo desse tempo. Vamos conversar, se possível, com ela amanhã para tirar essas dúvidas que estão atormentando você.

— Quero tê-la perto e ao mesmo tempo tenho o desejo mais forte do mundo de afastá-la de mim, da minha vida.

— Por quê? — pergunta Silvia.

— Porque ela é obsessiva, porque ela é uma muralha entre mim e o mundo lá fora, com sua proteção excessiva. Com seu ciúme.

— E você?

Fico sem resposta.

A terapia é longa. Conversamos todo o tempo sobre essa relação. Eu que tinha tanto a dizer sobre outras coisas. Me deparo neste momento com um presente inesperado. Um medo e uma raiva que me cegam e que não estão me deixando respirar. Márcia poderia também ser outra Márcia. Minha vida sem ela poderia ser diferente. Mas e a coragem?

Digo adeus a Silvia e marcamos para o dia seguinte outra consulta com a presença do Dr. Kalina.

Vamos passear na Recoleta, Samuel nos deixa na praça, é domingo e há uma feirinha enorme de artesanato, são fotos, muita prata, roupas, e tudo a preços baixíssimos, tudo ou quase tudo na Argentina está nos custando muito pouco.

Márcia e eu começamos a nos animar entre os objetos e as tendas, ela me compra de surpresa um anel, coloca no meu dedo e digo a ela que não tirarei mais. No fundo, sei que não é verdade. Compro porta-copos, cinzeiros e duas pinturas especiais que traduzem bem aquele lugar. Buenos Aires. Um café representado apenas por cadeiras e mesas e a outra de um lindo casal dançando tango.

Nada nem ninguém tirariam essa cidade do meu coração.

Convido Márcia para jantar em um restaurante elegante e acolhedor, vamos passeando pelas ruas à procura de um, ela está novamente distante. Vejo um lindo lugar com mesas à luz de velas e decidimos entrar. Estou alegre e tiro várias fotos de Márcia, ela sorri polidamente. Tento conversar, fazê-la rir, mostrar o quanto é *cool* o lugar onde estamos. Ela me fala, de repente, que tudo aquilo diz muito pouco a ela e entendo então que o que ofereço, o que significo, não está mais valendo a pena. Márcia troca vidas. Troca pessoas. Pesa na balança.

Conheço Márcia há muitos anos, tive inúmeras experiências com ela, boas e ruins, mas sempre foi minha companheira constante, a não ser por afastamentos que foram sempre tumultuados e agressivos. Temos o bem e o mal dentro de nós. Mas quando somos atingidos por esse último, por pessoas que amamos, é duro de suportar. Não sou santa, mas também não sou esperta. Bom ou ruim? Não sei. O grande problema é que para Márcia tínhamos chegado ao fim, mas ela não tinha coragem de dizer.

Saímos do restaurante e na esquina entramos em uma loja ainda aberta. As roupas são diferentes, exóticas. Começo a experimentar algumas peças e compro um presente para a filha de Márcia. Ela adora uma camiseta, mas ignoro e não compro nada para ela. Sinto que minha amiga sai muito irritada.

Pegamos um táxi e vamos para o apart. Lá em cima começamos um briga idiota por causa da luz acesa que quero deixar na sala para ler enquanto ela quer dormir. Começamos a nos insultar e penso novamente que aquilo só pode ser um pesadelo. Ela repete inúmeras vezes sua vontade de estar no Brasil. Vou dormir no sofá. Logo durmo para meu último dia na cidade, já que no dia posterior viajaremos logo cedo.

Acordamos e trocamos algumas palavras. Faço café e levo para ela. Márcia agradece. Lembramos que combinamos que Samuel nos pegaria para passearmos em um tal Parque das Flores, onde haveria todas as espécies de rosas, jasmins e orquídeas. Segundo ele, uma maravilha para os olhos.

Às 10 horas em ponto o motorista amigo chega, já estamos arrumadas e Márcia está de ótimo humor. Como sempre seduz Samuel o tempo todo, apesar de eu saber que ela está perdidamente apaixonada por seu namorado brasileiro e pela segurança que ele lhe proporciona.

Está muito calor na cidade e, como já disse, não gosto de calor.

Chego cansada nesse parque. Me sinto estranha e indisposta.

Atravessamos a pé uma grande área de cimento cercada de carrocinhas e quiosques com petiscos rápidos. O lugar está cheio de crianças, bicicletas e balões coloridos. Estou diante agora de uma grande escadaria, vamos atravessar uma ponte até as flores. Sinto que subir para mim será um esforço. Não digo nada. Peço a Samuel urgentemente uma Coca-cola diet, que é o que tenho bebido todos os dias. Ele me traz a bebida e chegamos finalmente a um lugar lindo, com canteiros belíssimos. Tiramos inúmeras fotos e penso que o mal-estar está passando. Tenho às vezes essas oscilações de humor, um sentimento ruim que passa e vai embora. Normal, talvez, para qualquer pessoa. De repente sinto uma dor no peito, um calor insuportável sobre a minha cabeça, me sinto muito tensa, as pessoas que passam ao meu lado me parecem esquisitas e preciso sair dali imediatamente. Digo a Samuel que acho que estou passando mal do coração. Márcia manda, sem paciência, eu me acalmar, me recrimina pelos cafés e pelas Coca-colas que venho ingerindo desproporcionadamente, começo a gritar para que ela pare. Não preciso escutar nada disso agora. Andamos depressa em direção ao carro. Não entendo o que acontece. Sinto que vou morrer. Preciso de um hospital. Telefonamos imediatamente para o Dr. Kalina, que nos manda ir para a casa dele no mesmo momento.

Dra. Silvia abre a porta com o Dr. Kalina. Eu me jogo em seus braços pedindo que ele meça minha pressão.

— Não vou medir sua pressão, Paula. Fique calma. Nada está acontecendo. Você está com um pouquinho de crise de pânico — diz ele, amenizando as coisas.

A presença dos dois doutores na minha frente me acalma subitamente. Começo a chorar e digo o quanto tem sido insuportável aquela viagem.

— Dr. Kalina, não aguento mais — diz Márcia. — Paula está me pressionando há semanas por uma viagem que não sei se vou fazer. Estou namorando um rapaz que vai morar nos Estados Unidos e quer me levar com ele. Mas, se eu for, só irei depois de alguns meses. E depois de cumprir meus compromissos com ela. Paula transformou isso em uma tortura, está sendo um inferno.

— Mentira, Dra. Silvia. Eu vejo os preparativos. Márcia tem um projeto de teatro comigo, em que ela será uma das produtoras. Ela vai deixar tudo sem aviso prévio. Ainda dependo dela, infelizmente. Ela cuida de mim e eu estou com medo.

Começo a chorar. Márcia diz, gritando, que não é mentirosa. Que sou sempre a boazinha, cínica e dissimulada.

A discussão toma proporções enormes. Nos agredimos enquanto a Dra. Silvia afirma que Márcia tem responsabilidades ainda sobre mim e que, devido ao pouco tempo de recuperação que tenho, não pode ser desvinculada sem um cuidado. Dr. Kalina sentencia como terminada e falida aquela relação. É a primeira vez que os vejo discordar e não sei por que gosto disso. Posso ter duas opções.

Peço que Márcia se retire. Quero ficar a sós com meus médicos. Dra. Silvia a leva até a porta e ela não perde a oportunidade de falar das Coca-colas e dos cafés. Dr. Kalina fica possesso por causa da cafeína injetada no meu sangue e no meu cérebro.

— Será que não entende, Paula? Que isso é veneno para você? Que é uma forma de se drogar? Que usa como excitante? Que altera seu humor, provocando reações como pânico?

— Uma Coca-cola no almoço, um cafezinho de vez em quando você pode beber, Paula — diz a Dra. Silvia, intermediando.

— Nada, Silvia! Eu disse nada. Nenhuma Coca-cola e nenhum café. Conheço bem a Paula — diz o Dr. Kalina.

Dra. Silvia sorri e concorda com ele. Os dois são excepcionais e têm humor.

Dr. Kalina faz alguns ajustes na medicação. Nos despedimos com um abraço e a promessa de que eu estaria sempre em contato. Ele me deixa a sós com a Dra. Silvia.

— Paula, tudo isso que aconteceu mostra claramente a necessidade que existe agora de você andar com suas próprias pernas. A hora chegou. Você pode. A independência é uma dádiva. Nos liberta. Não tenho dúvidas de que você vai se sair muito bem.

— Sinto muito medo ainda de ficar sozinha. Percebo que às vezes os remédios me confundem. Vou ter de tomá-los por mais quanto tempo?

Dra. Silvia me olha longamente.

— Penso que você está se esquecendo muito depressa de como chegou aqui. Quer voltar atrás? As medicações podem limitar certas coisas em sua vida, mas nada que se compare ao bem que fazem a você. As possibilidades que proporcionam de equilíbrio, mesmo com algumas recaídas.

Entendo perfeitamente o que ela diz. Não importa se ingiro 21 pílulas por dia. Hoje sinto e vivo. Com dores e alegrias. Mesmo com as morbidades da doença. Mas tudo vale a pena pela pessoa que sou hoje. E, como diz Lobão, "a vida é doce". Conversamos por mais uma hora sobre formas de sobrevivência sem dependência, obsessões ou recaídas. Ela me orienta como ninguém o faz. Sou extremamente grata. Saio fortalecida.

Estamos de malas prontas quando Samuel vem nos buscar. Márcia e eu resolvemos desembarcar e seguir em carros diferentes: ela com Sérgio, eu com minha mãe. Fico tranquila. Daqui por diante não teria Márcia sempre comigo e começo a me acostumar com a ideia.

Brasil. Um mês depois. Como eu havia previsto, Márcia vai embora com seu namorado. Fico magoada pelas mentiras e pelos enganos. Nossa despedida poderia ter sido diferente. Mas sei que ela será para sempre minha grande amiga, a pessoa que me levou para a vida, que acreditou que algo poderia ser feito e apostou nisso. Era ela que estava ao meu lado no dia 18 de junho de 2007, mas também era ela que me empurraria no meio fio de uma rua qualquer. Desequilibrou as minhas pernas de maneira covarde e imprudente. Caí por um bom tempo. Está sendo difícil. Estou tendo crises de ansiedade e insegurança. Ela acena do outro lado do mundo e não sinto nada. Não há quem não sinta mágoa. Raiva. Engano. Troca. Benefício. Confusão. Não importa, a palavra mais importante continua a ser gratidão.

# Capítulo 11

Estou voltando para a Argentina. Alcanço rapidamente o táxi na portaria onde minha mãe me espera e oro para não ter diante da rua alguma das minhas últimas reações. Chegamos ao aeroporto. Minha mãe docemente me conduz pela mão. Fazemos o *ckeck in*. Vou para o lado de fora do aeroporto várias vezes para fumar. Dou tragadas fortes e um medo inusitado passa por mim. Pronto, acabou. Estamos aqui dentro. Vamos ao *free shopping*. Vejo e revejo os perfumes e os cremes e compro um relógio para o meu filho da marca que ele tanto me pediu.

— André, esta não é uma viagem de compras. Você sabe o que está acontecendo.

— Sei, mamãe, mas vai, só esse relógio.

É difícil negar algo ao meu filho. Eu tiro e já tirei tanto dele. Sei que culpa faz mal e não acrescenta nada. Mas existem fatos.

Está tudo certo. Minha mãe senta, sempre atenta, e descubro que lá dentro do embarque ainda existe um fumódromo! Fico feliz. Sacio minha ansiedade. Vou para lá e fico conversando com um senhor que me diz:

— Tenho 70 anos, fumo desde jovem, meu pulmão é como de uma criança.

Rimos juntos. Lembro da minha falta de ar.

O que aconteceu comigo? Crises de pânico recorrentes. Esta é a nova no pedaço!

Primeira vez. Estou na farmácia, com meu *personal trainer*, me pesando. Tinha perdido três quilos em uma semana e isso era uma vitória, porque estava com compulsão alimentar. Consegui isso fazendo jejum em dias alternados. Saí eufórica.

— E aí, tudo bem? — meu *personal* Otávio perguntou, enquanto descíamos o degrau da drogaria em direção à praia.

Pronto, foi ali! Uma sensação estranha tomou conta de mim. Minhas pernas se tornaram fracas. Me faltou ar no pulmão, enquanto meu peito começou a doer. As pessoas em volta pareciam bonecos. Não era eu ali. Voltei para casa às pressas. Pânico.

Segunda vez. Tinha acabado de chegar a Búzios com uma nova amiga, Adriana. Dessa vez, aluguei uma casa em um condomínio em frente ao mar, é o lugar da minha paz, do meu aconchego. Fui diretamente para a praia encontrar minha mãe, que tinha ido antes. Depois das apresentações, senti que as duas não haviam se gostado muito. Adriana e eu nos entusiasmamos por ela cozinhar um almoço para nós, minha mãe foi contra, não achava prático. Mesmo assim fomos comprar camarões e depois levá-los para casa. De volta à praia começou novamente a falta de ar, como se fosse parar a minha respiração, e muita fraqueza nas pernas. Corri para casa, tomei um calmante e dormi.

Terceira vez. Acordei naquele dia especialmente bem. Me vesti e fui sedenta para o computador escrever alguns e-mails e checar os que haviam mandado para mim. No meio deles havia um com pedido de doação de sangue, o que é comum, e quis procurar o endereço do hospital e fazê-lo, mas também pensei que nunca ponho em prática essa minha intenção de ajuda.

Continuei abrindo os e-mails e escrevendo para algumas pessoas. De repente percebi que minhas mãos estavam molhadas e meus pés também. Eles estavam encharcados de suor. Levantei da cadeira e a falta de ar começou. Aperto no peito. Telefonei para a minha mãe. Estava enlouquecendo.

É claro que telefonamos para o Dr. Kalina, que ouviu tudo atentamente. Disse que era uma crise muito grande de ansiedade. Aumentou muito a dose de lamotrigina.

Antes, porém, tinha pedido ajuda a um psiquiatra com quem estava começando a fazer terapia, Dr. Jorge, ele me receitara o clonazepam. Dr. Kalina não gostou, disse que era um paliativo, que para o susto valia a pena, mas que não poderia se tratar nada daquela maneira, que funcionava como um *band-aid*. Esse era ele...

Desobedeci ao Dr. Kalina e não tomei os 200 mg de lamotrigina, porque estavam me dando sono, e passei um pequeno período em casa.

Quando decidi finalmente sair de casa.

Quarta crise de pânico. Estava descendo as escadas para a rua, meu *personal* me acompanhava. Queria ganhar o tempo perdido. Caminhar muito e fazer ginástica. Andamos até a esquina. No sinal havia pessoas esperando os carros pararem. Quis ficar em um lugar à beira da rua, mas uma mulher meio gorda, de cabelos pretos, procurava nervosamente algo na bolsa e se postou na minha frente sem me dar passagem. Fiquei claustrofóbica. Queria jogá-la na rua. Começou a me faltar o ar. A mesma estranheza me tomou. Minhas mãos ficaram geladas. Voltei para casa apavorada.

— Olá, Dr. Kalina — disse, chorando muito. — Há uma semana não saio de casa. Perdi meu trabalho na escola de teatro. Eles disseram que entendiam o problema. Mas para mim já entenderam demais da conta. Não sei o que fazer.

— Preciso de você aqui amanhã ou depois. Sua última viagem aqui não foi de tratamento, e sim de uma crise particular entre você e Márcia. Quero vê-la. Tenho um plano medicamentoso. O que fizemos funcionou e continuará a funcionar com o aditivo desse novo plano. Estou esperando. Tchau. E outra coisa: você me desobedeceu... Custou-lhe mais algumas crises.

Fiquei muda.

Não pensei que voltaria a Buenos Aires tão brevemente. Minha viagem com Márcia há dois meses tinha sido um desastre, mas eu estava razoavelmente bem, era tempo de revisão de medicação, de avaliação. Agora não. Estou descompensada. Desnutrida. Estou completamente desestabilizada como nunca estive. E não sei o fim. Será que vão me internar? Qual será a solução?

Minha mãezinha está apreensiva, sinto que ela tem medo de não suportar algo e também me preocupo com sua saúde. Ela me trata como um passarinho ferido, é terna e diz quase o tempo todo que sairei vitoriosa desta crise. Não sei. Porque não sei o que está acontecendo. Estava dando aulas, vendo amigos, frequentando o grupo de ajuda mútua e de repente...

A única coisa de que me arrependi no último mês foi de ter feito um *botox* no rosto, influenciada por uma amiga linda, Sarah, que faz sempre. Coloca boca, maçãs no rosto, bunda e tudo nela resulta em beleza. Bem, ela me incentivou a procurar o tal médico. Fui. Em um impulso estava na mesa de operação, levando várias injeções na face. Odiei o resultado. Fiquei sem expressão. Meu rosto parecia de plástico, e, para piorar, ele cometeu um erro no meu olho esquerdo, que ficou caído. Fiz fisioterapia por dez dias. Nunca mais. Quero minhas rugas, meu sorriso, minha naturalidade, e se pensar em algo é para daqui a 10 anos, e com mais cuidado.

Esse episódio me deixou muito ansiosa. E meu tempo estava tomado. Trabalho, consultas com Dra. Leda, fisioterapia, tratamento dentário, oftalmológico, começo de terapia com Dr. Jorge e problemas financeiros. Me sinto mal quando não tenho tempo e Dr. Kalina foi bastante claro quando disse que não posso fazer muitas coisas simultaneamente.

Sim. Estou ansiosa. Mas a ponto de ter essas crises de pânico? E no que elas resultam? Em nada. Só me paralisam.

Todos esses pensamentos não me deixam dormir sentada na poltrona 12F do avião, no corredor, olhando o vaivém das aeromoças e me lembrando de que ir para a Argentina é sempre uma coisa boa.

E ainda estou feliz por outra coisa, começou o frio em Buenos Aires! Trouxe um casacão, meus suéteres e talvez uma intuição de que algo definitivo irá acontecer.

Dr. Kalina e Dra. Silvia nos recebem no mesmo dia da nossa chegada. São 19 horas. É a primeira vez que venho sem Márcia e não sei o que minha mãe vai dizer. Ela me surpreende com sua voz calma e pausada, diz confiar que sairei boa e Dra. Silvia e, eu combinamos sessões diárias de terapia. Choro muito e peço a Dr. Kalina que faça o milagre que fez há um ano. Ele me diz que não há milagres, que fará tentativas, mas pisca o olho para mim. Marcamos para o dia seguinte, à tarde, no Brain Center.

Na rua, Samuel nos espera. Penso que não é só o dinheiro que o faz ficar comigo, já que pago a metade de outros estrangeiros, mas que se envolveu com minha história. É meu maior amigo na Argentina.

Vamos para o hotel. O quarto é amplo e confortável. Amo seus tapetes, os pés afundam e dão uma impressão de equilíbrio, aconchego. Pode ser cafona, mas se ficar rica vou atapetar minha casa toda.

Vamos dormir, meu sono é uma tortura, as pessoas são muito reais, discuto com elas, faço contas de dinheiro, testemunho traições. Quando acordo está tudo vivo dentro de mim. Não penso em outra coisa, penso ainda nas situações, e isso vem acontecendo há meses. Mas só agora esses sonhos ficam comigo de uma maneira que às vezes, por causa deles, os sintomas de pânico aparecem. Durmo. Mas acordada, sem descanso, junto aos meus personagens.

Muito frio, visto meu casacão, coloco uma bota e não pareço aquela menina assustada de poucos dias atrás. Mamãe se arruma, mas vejo que não há vaidade no seu vestir. Ela veio por mim.

Samuel nos espera lá embaixo, vamos para o Brain Center, minha mãe espera na recepção enquanto tenho meu primeiro encontro com Dra. Silvia.

— E então, Paula, o que está realmente acontecendo?

— Estou com problemas financeiros, acho que vou ficar sem nada, não vou dirigir mais nenhuma peça, não vou saber viver sem a Márcia, vou envelhecer só.

— Para! Para! Para! — diz ela, me interrompendo. — Márcia foi embora, mas já era nociva a você. Não vejo nada de real no que me diz, são todos pensamentos fantasiosos, destrutivos. Você não vive o dia de hoje e, pior, projeta o futuro da maneira mais negativa. Paula, ouça-me bem: você tem de ser uma fortaleza. Talvez você esteja passando por problemas financeiros, mas você ainda tem patrimônio.

— Não quero vender mais nada!

— Por que você não pensa que vai comprar novamente? Acredito no seu sucesso. Você tem um projeto forte.

— Não, não tenho. Sonho com ele, mas ainda não consegui começar nada, reunir, escolher. É tudo um desastre.

— E aí você entra em pânico.

— Não. Sei que o pânico é algo químico, sinto angústias, não me reconheço em mim. Não é uma crise de ansiedade apenas.

— Paula, vamos ver o que o Dr. Kalina tem a dizer e vamos continuar trabalhando. E lembre-se, você é uma fortaleza.

Nos despedimos assim.

Saio com minha mãe e Samuel para tomar um café, falta meia hora para a consulta com Dr. Kalina e me sinto bem, até contente. Isso é possível, oscilo entre estar muito feliz e confortável e momentos de tremenda angústia e depressão.

Sentamos em um lugarzinho gostoso, do lado de fora um sol tímido nos aquece do frio e pedimos uma *lágrima*, cafezinho preto com gotas de leite espumante, uma delícia. Ficamos ali e Samuel diz:

— Paula, para que tantos remédios? Não sei não...

Começo a rir, penso muito nisso. Em quanta droga entra no meu cérebro. Mas e se desistisse? É como a

Dra. Silvia diz: "Paula, você se lembra de como chegou aqui?" Tenho fé em que o tempo é sábio, mais sábio do que a minha mente.

Subo a escada para o grande escritório do Dr. Kalina, estão lá ainda centenas de diplomas, sua grande mesa e, ao lado, pastas e mais pastas para palestras, seus diagnósticos, enfim, todo trabalho que faz. Ele me abraça fortemente e sentamos frente a frente.

— Paula, você vai começar a tomar litium. Saiu recentemente um litium de ação mais rápida e, misturado à lamotrigina, é o que de melhor há para a bipolaridade.

— Não quero! O senhor nunca me deu litium, disse que engordava, usou outros medicamentos, evitou essa substância.

— Paula, imagine que você está tomando Lilá, e não litium. A mistura dele com a lamotrigina é o que há de mais eficaz no momento. São pesquisas recentes. E quanto a engordar, é um sintoma para algumas pessoas.

Tenho de acreditar nele e experimentar.

— Essa medicação leva de quatro a seis semanas para fazer efeito — diz ele.

Caio por cima da sua mesa. Não posso esperar tanto tempo. Ficarei em Buenos Aires apenas sete dias. Não posso mais sofrer de angústia e pânico. Ele me acalma.

— Penso que você está sofrendo de depressão, quero que você, com o litium e o restante dos remédios, tome umas injeções de mometasona. Vamos ver como você reage.

Terminamos a sessão com Dr. Kalina me dizendo que iria passar o fim de semana fora para uma palestra, o que eu já sabia, e que eu ficaria aos cuidados da Dra. Silvia.

Saímos de carro diretamente para uma farmácia tomar a tal injeção. Dr. Kalina tem soluções rápidas e isso combina com o meu temperamento. Estou aliviada, gosto de estimulantes e sairia da depressão, que poderia ser, segundo ele, o que estava me levando a todos aqueles sintomas. Mas antes ele me deixou bem claro que estávamos experimentando substâncias para ver como eu reagia. Da associação do litium com a lamotrigina ele não abre mão. Está convencido de que é a melhor combinação para a bipolaridade.

Acordo de manhã como sempre, abobada, meus sonhos não me deixam em paz, são pessoas do meu passado ou personagens que desconheço vivendo histórias muito reais para serem simplesmente sonhos.

Vamos para a segunda sessão de mometasona, vou animada, até agora não tive síndrome do pânico, apenas cansaço no fim da tarde e de manhã. Passo o dia tranquila, vou a cafés, fazemos algumas compras e voltamos para o hotel.

Dia seguinte de manhã. Acordo e peço café da manhã pelo telefone. De repente, um mal-estar monstruoso, que nunca havia experimentado. Não digo nada a minha mãe. Corro para o banheiro para tomar uma ducha e arrancar aquilo de mim. Vou à bancada do banheiro. Tudo me parece estranho, a escova de dentes, a pasta, a maquiagem e perfumes, fico encarando aquelas coisas com um sentimento que não é pânico. É de profunda angústia e estranheza. Entro no chuveiro quente, começo a tremer de frio e então grito por minha mãe. Digo a ela apenas que estou passando muito mal. Ela me dá imediatamente um comprimido de clonazepan e liga para a Dra. Silvia. Ela nos pede para ir imediatamente à sua casa.

— Paula, as injeções de mometasona não deram certo. A estimularam e causaram nova crise. Gostaria que você tomasse risperidona. É um sedativo, mas vou lhe dar meio comprimido, talvez em conjunto com sua medicação vá acabar com esses sintomas de tamanha angústia e medo que sente.

Estou me sentindo um rato de laboratório.

Tomo a medicação que ela me dá com um pouco de água, guardamos a receita médica e nos despedimos, marcando a terapia para o dia seguinte.

Pegamos um táxi, recosto no ombro de minha mãe e durmo. Dra. Silvia tinha me dopado. Não, não é possível. Falta de costume com a substância. Cheguei ao hotel e as entradas que tínhamos comprado para ir ao teatro foram para o lixo.

Amanheci o dia naquele quarto lindo do hotel, ligamos para Dra. Silvia.

— Doutora, caí dura com esse remédio, não quero dormir, quero ficar bem acordada.

— Calma, Paula. Não existe mágica. Você vai cortar mais uma vez a pílula pela metade. Depois me telefona.

Faço o que ela manda. Confio nela como psicóloga e psiquiatra, mas sinto que ela e Dr. Kalina têm linhas diferentes de atuação, apesar de estarem sempre trocando ideias.

Saímos mamãe e eu para dar um passeio pela rua Lavalle, olhamos as lojas, os cafés e então meus olhos começam a fechar, meu corpo fica mal e sinto que só preciso dormir.

— Mãe, com o farelo dessa medicação eu caio dura.

Vamos rapidamente para o hotel. Deito na cama e durmo.

Domingo. Vou ao templo como o que frequento no Rio de Janeiro. Lá está acontecendo uma cerimônia anual. Oro muito pela minha cura. Sem frases feitas, Deus sabe o que faz.

Vamos ao encontro do Dr. Kalina no Brain Center. Antes, porém, tenho terapia com Dra. Silvia.

— Paula, você desiste muito rapidamente das coisas. A risperidona na dosagem certa vai ser melhor para suas crises, já falei com o Dr. Kalina.

Fico em silêncio.

— Como você está se sentindo? — pergunta ela.

— Oscilando, às vezes me sinto muito bem, feliz, e de repente um aperto no peito. É assim, mesmo quando não tenho as crises.

— Por que você acha que sente esses apertos no peito?

— Medo, ansiedade. Tenho pensamentos negativos.

— Vou lhe contar um caso verídico: fizeram uma experiência com ratos, separaram em grupos. O primeiro grupo foi cuidado por suas mães, amamentado, lambido, acariciado. O segundo grupo foi desgarrado maternalmente, ficou sozinho. Quando então colocaram um gato na proximidade desses ratos, os que foram mimados por suas mães apresentaram uma reação de medo mínima em relação aos ratos que ficaram abandonados, que entraram em pânico. Então você deve ter sentido um desamparo muito grande, mas ao mesmo tempo você tem de entender, com seu pensamento e com seu sentimento, que isso é passado.

— Minha mãe veio com uma mala à prova de cortes e colocou cadeado em tudo o que trouxemos. Nunca pus cadeado em mala.

— Ela é assim. Você não. Por que pensar que vão cortar ou abrir as malas?

— Minha mãe sempre foi muito nervosa, sempre muito cuidadosa com tudo, pensa sempre que algo pode acontecer.

— E você?

— Eu também. São raros os momentos de paz. Me sinto em constante perigo.

— Paula, você tem de mudar o pensamento para mudar o sentimento. Sua palavra-chave agora é concentração. Não importa o que passou, o que existe é o agora. Viva bem o dia de hoje, que vai determinar seu dia de amanhã. Pensamentos sempre positivos. E, não esqueça, concentração.

Subo então as escadas ao encontro do Dr. Kalina, meu desânimo é grande, pois já sei da combinação dele e da Dra. Silvia quanto à risperidona, que só me faz dormir.

Nos sentamos e começo mesmo assim a contar tudo o que havia me acontecido durante sua ausência. Quando estava relatando a parte do meu estranhamento com as escovas e a pasta de dentes, ele grita:

— Nunes, Nunes!

— O que, Dr. Kalina?

— Você vai tomar perfenazina.

Ele telefona rapidamente para Nunes e encomenda a medicação, me dá o endereço e a prescrição, sorrindo para mim com ar de vitória.

Lá vamos nós, mamãe, Samuel e eu procurar Nunes e buscar o remédio. Engulo uma cápsula na primeira esquina com um pouco de Ser, uma bebida argentina. Voltamos para o hotel.

Três dias se passaram, Dr. Kalina é mesmo um grande médico, me sinto bem, equilibrada, com os sentidos no lugar. Enfim, a coisa toda tinha funcionado. Ele conseguiu.

Meu tratamento continua o mesmo, com algumas retiradas e adição de litium. Minha certeza é que com o tempo tomarei menos medicamentos. E isso será feito com calma, com a competência que o Dr. Kalina mais uma vez provou ter.

O restante dos dias é de pura festa. Vamos assistir a peças, a shows de tango. Passeamos pela cidade, por Corrientes, Córdoba, Santa Fé, Florida e nos deslumbramos sempre com a Nove de Julho.

Assisto a uma peça que me interessa muito, *Una cierta piedad*, e pela primeira vez penso em voltar a atuar. Me vejo desejando novamente. São dois atores.

Me vi fazendo aquela personagem. Daquela mulher sem identidade, sofrida.

Dois dias antes de irmos embora vamos ver uma comédia para agradar a minha mãe, já que a última peça era um drama e dramas incomodam, porque não se percebe que nele pensamos repentinamente em algo que muda um sentimento ou um pensamento e que isso é uma sensação maravilhosa. Mas as pessoas não se dão esse tempo. Querem rir imediatamente. Então estou indo rir com a minha mãe. A peça é fantástica, um humor inteligente. Penso imediatamente em levá-la para o Brasil. Muitos planos. Não reconheço mais aquela mulher no fundo do poço.

Novamente Dr. Kalina e Dra. Silvia haviam me salvado.

Chegamos à meia-noite ao Aeroporto Tom Jobim, meu medo da alfândega não tinha passado, levo uma mala cheia de remédios e, mesmo com receituário e declaração, sinto sempre receio de que me detenham. O pensamento negativo que Dra. Silvia me fala. O receituário estava ali! Meu passado tinha de ir embora. Eu me livro dele agora, me livro dele e me livro dele!

Na passagem não havia funcionários para abrir as malas, entrego o papel e atravesso. Sinto um alívio que não preciso mais sentir. Minha mãe vibra.

A porta da minha casa se abre, meu filho quer ver os presentes, minha amiga Adriana chega e todos estão alegres.

As coisas chatas da vida... ir ao dentista, fazer supermercado e pagar contas domésticas, Ovídio não trabalha para nós há algum tempo, ele também, com toda a sua dedicação, me traiu, foi desonesto, e tudo por causa de dinheiro, sempre o dinheiro, nem seis anos valem uma nota de 100 reais. Vou ao colégio do meu filho, que vai mal nos estudos e isso me dá raiva e me enche de culpa.

Malhar todas as manhãs para perder todo o peso que ganhei... Como fazer para não tornar chatas essas coisas? Talvez seja assim que comece o tédio, o nervosismo, as crises.

Sei que minha doença é química, mas Silvia me explicou que posso controlar com minha mente os meus sentimentos, pensamentos, que posso atenuar minhas perturbações.

Se não gosto do que faço fico sem ânimo, triste, e esse é o primeiro passo para a depressão bipolar.

Ela me falou em concentração porque um dos sintomas do transtorno bipolar, quando a pessoa está em depressão, é a dificuldade de concentrar-se.

Na mania, para mim, os pensamentos ficam demasiadamente acelerados, fico confusa e desfocada. Sabendo de tudo isso, tenho de organizar uma vida boa para mim. Coisas que gosto de fazer. E encarar o que não gosto sem medo, sem pensamentos negativos.

Sou uma fortaleza e tenho de me concentrar.

# Capítulo 12

O Rio de Janeiro me espera com sua rotina atordoante, agora sem aulas na escola para dar, desempregada e enlouquecida de coisas para fazer. O que quando se diz não se acredita. A vida é fabulosa.

São 2 horas da tarde e espero o telefonema de Natalia para confirmar a leitura da peça hoje à noite. Estou nervosa, excitada e feliz. Passamos um mês, essa produtora e eu, com o projeto de um ciclo de leituras na minha casa. Peças conhecidas, inéditas, clássicos, algumas argentinas, é claro, para serem traduzidas, enfim, material bom. Convidaríamos atores famosos e também anônimos e eu supervisionaria esses encontros com debates posteriores.

Esta noite é especialmente importante. Natália ousou convidar o ator Antônio Farkas para uma leitura e ele aceitou. Um dos atores mais importantes da cidade. Disse conhecer meu trabalho e que adorava a peça que iríamos ler, *O senhor Puntila e seu criado Matti*, de Bertold Brecht.

Às 8 horas da noite começam a chegar os atores. Dan, meu grande amigo e ótimo comediante, que interpretaria Matti; Carla, Luzia, Maria Clara, Simone, para representar as mulheres, e ainda Luís, Vicente, Herbert e Carlos. O número real dos atores não era esse, mas eles dobrariam os papéis e o importante era conhecer bem essa peça.

O tempo passa e Antônio Farkas não chega. Penso na Dra. Silvia. Pensamento negativo. Mudança. Claro que ele virá. E o que é que tem ele ser Antônio Farkas? Passam-se 10 minutos e a campainha toca. Entra aquele homem moreno, de cabelos grisalhos, sorriso aberto, maroto, como sempre imaginei, com cara de quem está sacaneando alguém. Eu o recebo com naturalidade, ofereço uma Coca-cola, mas ele prefere um café, sentamos todos à mesa e começamos a leitura.

Durante as situações que Brecht criou morremos de rir. Farkas é um grande ator e os intérpretes que foram chamados por mim e Natália, todos desconhecidos, davam um show.

Sem pensar muito, interrompo a leitura algumas vezes. Insisto em dizer que nem por um momento Puntila é sério. Ele não tem noção do que faz e a reflexão fica a cargo da personagem de Matti. Para minha surpresa, Farkas ouve atentamente.

Acabamos a leitura e, antes de começarmos a conversa sobre o texto, eu ouço:

— Paula, você quer me dirigir nesta peça? — pergunta Farkas.

Dirigir Antônio Farkas!

Faço a pergunta mais idiota da minha vida...

— Como assim?

— Montar *Senhor Puntila*, quero que você me dirija, vi alguns trabalhos seus, gostei do seu jeito. Por falar nisso, por que você não dirige há tanto tempo?

— Para ficar melhor — eu digo.

Ele começa a rir. Alguma coisa entendeu.

— Paula, vamos fazer o projeto juntos, quero ser sincero, não sei se serão todos vocês a fazerem a peça — fala, referindo-se aos outros atores.

— Quero dirigi-lo, Antônio Farkas — digo, rindo. — Mas a produtora será a Natália, e sobre os atores depois conversamos.

Ficamos de nos encontrar no dia seguinte.

Estou voltando ao meu passado, comecei dirigindo um dos maiores atores da cidade, foram duas peças consecutivas. E depois o álcool, a cocaína. Minha agitação, minhas depressões consecutivas o afastaram de mim. Eu o adoro. Se estivesse com dificuldades gostaria de estar ao seu lado e seria um sonho voltar a trabalhar com ele.

Estou começando como comecei. Outra chance. Eu era uma menina bipolar e dependente química sem saber. Hoje sou uma mulher criativa com ferramentas para qualquer eventualidade. Será? Nunca me senti tão bem. E o litium com a lamotrigina que o Dr. Kalina chama de "Lilá" vão, segundo ele, me dar um equilíbrio contínuo.

Minha carreira foi tão tumultuada! Nunca fui convidada para dirigir projetos para ninguém, só dirigia meus próprios projetos. As pessoas tinham medo de mim. E minha maneira de dirigir era prepotente e egocêntrica, além de ser extremamente perfeccionista. Gosto muito dos meus trabalhos. De cada um deles. Os textos escolhidos, a forma cênica. Já os atores, mesmo em grandes atuações, eu, de alguma maneira, os limitava à minha intransigência. A não ser quando iniciei minha carreira.

Fazer teatro para mim era um sofrimento, tudo tinha de sair perfeito. Não sabia então que era o transtorno obsessivo compulsivo. Passava por agitações em que o mundo era o lugar a se alcançar e entrava em depressões nos quais não sabia o que fazer, um inferno!

Pensamentos... pensamentos... o telefone toca. É Farkas.

— Paula, é Antônio Farkas. Lembra de mim?

— Aquele da novela das oito que todas querem beijar?

— Eu beijo todas.

— Para com isso, Antônio... E aí, vamos fazer o projeto? Sou boa de sinopse, justificativa etc. Temos de conseguir um grande design gráfico para fazer o projeto. Natália se incumbe disso se você não tiver alguém.

— Trindade Verdi é o cara.

— Mas ele é caríssimo.

— Deixe comigo. Paula, vou buscar esse patrocínio, quero que vocês escrevam sobre a peça e deixem o orçamento comigo. E o projeto gráfico também. A produção será minha. Aceito de bom grado Natália como produtora executiva, mas tenho minha equipe e vamos tocar o barco.

— Antônio, quero escolher os atores.

— Eles são seus.

— Um beijo, Antônio.

— Um beijo, Paula.

Pulei de alegria. Era tudo o que queria. Meu sonho estava se realizando. Ele queria ficar com a produção. Eu poderia escolher os atores, confiava em mim. Sou a mulher mais feliz do mundo.

Trabalhamos exaustivamente, Natália e eu, ela me apresenta a um novo produtor, Flávio, e eles adiantam toda a parte orçamentária, enquanto escrevo sinopse, justificativa sobre Bertold Brecht e, o melhor de tudo, falo sobre a peça que adoro, que conheço, que me sinto pronta para dirigir.

Farkas nos liga e diz que está tudo certo com Trindade Verdi. Que é só entregar todo o trabalho que ele iniciaria o projeto gráfico. Marca de passar na minha casa e analisar o que foi feito. O valor do orçamento já havia sido combinado.

Duas horas depois o grande ator chega, ele é debochado, sim, é egocêntrico, mas ao mesmo tempo é o meu maior desafio. Sem crise de angústia, de pânico, não posso passar para ele qualquer instabilidade, o que talvez viria a acontecer mais tarde.

— Paula, você escreve bem, menina. Pode até escrever um livro.

— Estou pensando nisso — digo, rindo dessa impossibilidade.

— Meninos, o orçamento está perfeito, eu apenas daria uma olhada maior na parte das viagens. Nos locais fora da cidade se ganha muito apoio, mas não podemos contar com isso — diz Farkas.

— Antônio, não estou pensando em escalar grandes nomes. Você chama muito público, conheço muita gente boa sem reconhecimento ainda.

— Você é a diretora. Você chama os atores. Só gostaria que o Mhatas Malester interpretasse o papel do Matti.

— Acho ele bárbaro. Está fechado. Mas os outros 11 atores você deixa comigo.

— São todos seus.

— Tchau, Antônio.

— Beijo, Paula. Tchau, Natália e Flávio.

Ele é sedutor mesmo. Tem quase 60 anos e o vejo nas revistas sempre com mocinhas de 20 e poucos. Nada disso importa. O que importa é que ele é inteligente, tem humor e é um grande ator.

O trabalho árduo começaria agora, o projeto gráfico ficou maravilhoso, quem não comprasse o espetáculo compraria o projeto do Trindade Verdi. E começamos a ir a todas as empresas patrocinadoras no Rio de Janeiro e em São Paulo.

Continuo tomando todas as pílulas, a perfenazina, o remédio do Nunes!, continua me mantendo estável, e penso que a junção do litium com a lamotrigina está me trazendo um equilíbrio que só havia sentido quando cheguei ao Brasil pela primeira vez e meu organismo ainda não havia se acostumado à medicação.

Tento não pensar no fim. É tudo novo para mim. O sonho está acontecendo e de maneira surpreendente.

Tenho de dizer a verdade, às vezes penso em beber. Para comemorar. Quero me esbaldar de felicidade. Mas tenho certeza de que isso acabaria com tudo.

Continuamos nossa peregrinação em busca de patrocínio, são amontoados de "nãos", e se não estivesse com Farkas talvez desistisse. É muito difícil fazer teatro no Brasil. Pouco dinheiro do governo, do Estado, as empresas patrocinando as mais variadas coisas a cada ano. Editais anuais com orçamentos vergonhosos para montagens que, quando saem, são verdadeiros milagres, e as bilheterias poucas vezes cobrem a vida dos atores. Fazer teatro é um sufoco!

Observamos as exceções, é óbvio. Espetáculos bons e com patrocínio. Mas desconhecemos algumas peças maravilhosas que ficam no anonimato por falta de divulgação.

Os teatros viraram motéis. Várias produções. Não podemos nem elaborar um cenário que trabalhe o piso do palco, por exemplo. A criação é limitada. Dividimos iluminação, camarins e temos de trocar cenários rapidamente para a peça que vem adiante.

Teatro só em shopping. Esquecemos o Teatro Ipanema, um ícone dos anos 1970 e 1980, um palco maravilhoso, o Villa-Lobos, outro grande teatro, o Gláucio Gil, o Nelson Rodrigues, o João Caetano, o Teatro do Jockey, o Planetário da Gávea e mais alguns perdidos, que infelizmente escondem o brilho cultural da cidade e, mesmo com peças em cartaz, não alcançam qualquer visibilidade.

Consegui fazer teatro com patrocínio de empresas várias vezes e também sem patrocínio. Finalmente consegui encenar uma peça por ano, pelo motivo de Célio precisar fazer turnê para ganhar dinheiro. Trabalhei com esse produtor por nove anos, era o homem da minha vida. Apesar das discórdias e brigas. Ele não era um produtor quando começamos, tinha pouquíssima experiência. Fiz várias montagens confiando na sua competência e sagacidade. E pensei por muito tempo que ele era genial. Hoje percebo que ele trabalhava sob um sofrimento e uma ansiedade enormes, me massacrava com dúvidas e medos para no fim tudo dar certo. Mas era viciada em Célio. Ele humilhava pessoas, culpando-as dos seus erros, mas eu nada via.

Ele perdoava meu alcoolismo e encobria minhas noites viradas. E então era ele que me possibilitava fazer teatro. Sei que meus projetos sustentaram sua vida. Sei o que fiz por ele.

Na penúltima peça que fiz, já estava bem doente, mas ainda me lembro do espetáculo. Tivemos uma briga enorme porque ele me disse que ia deixar aquela bilheteria que não dava dinheiro algum, que estava abandonando o projeto. Eu tinha bebido e tomado clonazepam, o empurrei com toda a força que tinha e o lembrei de tudo que tinha feito por ele, do que ele possuía, de tudo o que havia conquistado com os meus projetos. Fora os favores.

Estava possuída, descontrolada, um animal.

Sua mulher, Naka, o levou embora. A atriz que, sem reconhecimento algum, protagonizou três peças minhas. Eu queria matá-los.

Enquanto estive na cama por 11 meses, chamava o nome de Célio sem parar. Pedi a minha mãe que ele me perdoasse. Delirante, dizia que só sairia dali se ele aceitasse trabalhar comigo novamente. Ele não me estendeu a mão. Mesmo minha mãe explicando que eu já estava muito doente, ele não me perdoou. Para algumas pessoas, o tempo vale apenas o tempo que tem e o bem aproveitado. Eu já seria inteiramente de Jesus se não tivesse alguns ressentimentos. Pronto, acabou.

O interfone toca às 18 horas. Não estou esperando alguém.

— Oi, seu João.

— O senhor da novela tá aqui.

— É Antônio, João. Antônio — eu digo. — Peça para ele subir.

A campainha toca. Farkas sai rodopiando comigo nos braços.

— Conseguimos, Paula! O patrocínio é de uma marca de carro. Eles só não ofereceram o carro.

Comecei a chorar, de repente sinto que é muito bom para ser verdade.

— Ei, o que foi? — pergunta Farkas.

— Coração que sai pelos olhos.

Nos damos um forte abraço e o grande ator se vai.

Primeiro dia de ensaio. Meu desejo era perfilar as cadeiras para uma segunda leitura, colocar minha mesa no ângulo certo. Mas antes de os atores chegarem fico ali vendo tudo ao meu redor. Chega! Espalho as cadeiras e mesas pelo espaço, até a minha. Coloco um *CD player* tocando Kurt Weill. Os atores vão chegando. Dan é o mais bagunceiro. Já joga a mochila no chão. Os outros também vão buscar alguns cubos e então há um colorido lindo e caótico ao meu redor. Farkas senta em cima de uma mesa sem nada questionar. Não estou acostumada a isso.

Os ensaios começam. Antônio Farkas não é tão fácil quanto parecia no início. Questiona demais. Mas com carinho ou, às vezes, de maneira firme consigo o que quero. Quando ele não tem razão, é claro. Ele tem muita experiência e me ensina muito. O grupo é harmonioso, não vejo competições ainda ou sentimentos menores. Quanto a mim, o que sinto hoje são oscilações muito rápidas. Angústias que acontecem por 5, 10 minutos e logo após, novamente, a Paula.

Sinto uma enorme dificuldade de concentração. Não é necessário nenhum tipo de interrupção enquanto estou pensando ou criando um movimento. Tenho de rir do fato de que o ator está se estraçalhando em cena e eu observo uma linha branca na rotunda que me salta aos olhos, o famoso transtorno obsessivo compulsivo.

Meus trabalhos anteriores primavam também pela preocupação estética. A penúltima peça que fiz, baseada em Jean Genet, tinha um espaço caótico, forte, acredito que em alguns momentos impressionante, como o próprio dramaturgo. Para mim o cenário e a música vêm em primeiro lugar no desenvolvimento da minha criação. Tinha de arrumar minha confusão mental, o transtorno maníaco. Com *O senhor puntila e seu criado Matti* estou na ponta da navalha, desafiando essa doença de todas as maneiras.

Todos no elenco sabem que sou bipolar, encaram normalmente e fazem até piada. Percebem quando entro em agitação, irritabilidade, transtorno obsessivo compulsivo, mas ignoram ou colocam limites. Não me deixo levar por essa furiosa maré.

O mais importante é que nunca maltratei algum daqueles seres humanos, esse é o meu maior cuidado. Procuro ser doce. Longe de mim os gritos. Bem-vindos os sorrisos, as gentilezas e, com certeza, as críticas.

Começo pelo cenário. Cubos de várias formas, vermelhos, alguns de acrílico iluminados por dentro em azul. Cadeiras de fazenda para ricos e para pobres feitas por um escultor amigo meu, muito talentoso. O resto são adereços, cordas, chuveiro, que é quase uma cachoeira, uma motocicleta de três lugares e um lindo painel pintado de natureza morta. Luz branca, âmbar e azul. Sem mudanças. Luz na plateia de vez em quando. Quero a plateia no palco.

Gostaria de fazer a abertura da peça depois das três batidas de Molière, conversando com o público por dois ou três minutos. Direi a eles para relaxar ao máximo, que no teatro antigo a plateia ia para gritar, se meter, dizer se era bom, aplaudir, vaiar, que o teatro tem de parar de intimidar as pessoas, que nós todos esperamos que aquele espetáculo seja uma verdadeira reflexão e zombaria sobre o que Bertold Brecht escreveu.

Os atores ainda não estão prontos e Antônio Farkas tem se mostrado bastante irritado com suas limitações. Resolvemos ter uma conversa que, como sempre, me remete a um homem que já passou pela minha vida. Não há como negar: os atores famosos são egocêntricos.

— Paula, você dirige tudo e todos, menos o principal.

— Você não me deixa dirigir você.

— Porque já sei o que quero. Como é a personagem.

— Só que, Antônio, você não sabe inteiramente como chegar lá.

— Não está tão engraçado como deveria. É uma comédia — ele diz.

— Você vai ver isso com a presença da plateia. Conheço essa personagem. É impressionante o carisma que tem diante deles.

— É isso que você tem para me dizer?

— Não, vamos ensaiar.

Eu adoro Farkas, como disse é bonachão, mas é uma criança. Uma vez ele me viu dirigindo um trecho de uma peça no Teatro Sérgio Porto e a cena toda se passava em cima de uma enorme mesa, uma cena de amor. Construí um apartamento na mesa cheio de detalhes e aproximei ao máximo da plateia. Bom, foi bom... No fim ele veio me cumprimentar e disse que a cena tinha sido ótima, só que eu tinha cometido um grave erro: a mesa deveria estar no fundo do palco, só assim teríamos a dimensão do apartamento. E saiu. Quase morri. Ele estava certo. Quando olhei em volta a voz da experiência tinha sumido.

Chego em casa depois de uma cansativa tarde de ensaio, hoje prefiro ensaiar mais cedo, tirar o mito do teatro-morcego da minha cabeça. Minha mãe telefona.

— Paula, seus tios estão aqui.

— Meu tio Luís é padrinho do meu filho com minha tia Lília. Eles moram na Europa. Quando os chamei para apadrinhar meu filho, não escondi que esperava a oportunidade de ele conhecer outro país mais facilmente. O que nunca aconteceu. Não foi convidado sequer para umas férias. Mas, enfim... não se deve esperar nada de ninguém.

Findadas as expectativas, gosto muito deles, e com a ligação da minha mãe pergunto:

— Mãe, vamos convidá-los para este fim de semana em Búzios, não vou ensaiar.

— É melhor não, Paula. E se você passar mal? Lembra-se da sua última crise de pânico?

Lembrei-me imediatamente da Dra. Silvia, dos seus ratos e de ser uma fortaleza. Isso me quebra! Fico com medo. E se acontecer? Tenho uma péssima reputação na família. Mas o jogo vai virar com naturalidade.

Mhatas Malester é também considerado um grande ator brasileiro. Durante os ensaios é concentrado e, no papel de Matti, perfeito: parece patético. Simplesmente maravilhoso. Ficamos amigos, mas amigos de verdade, não daqueles que mudam de elenco para elenco. O par Antônio Farkas e Mhatas Malester é o mais inusitado que já presenciei. Voz grossa e fina. Alto e baixo.

Moreno e branco como a neve. Duas estações. Estou tão feliz que fico novamente com medo. Concentração, diz Dra. Silvia.

Está uma parafernália no teatro quando um rapaz branco de cabelos bem pretos se aproxima de mim.

— Oi, sou o iluminador, mas ainda não entendi bem a minha função aqui.

— Olha, não há transição de luz — eu digo. — Só que temos inúmeros refletores, quero o palco nu, natural. Você já percebeu que vamos trabalhar com pouco cenário. As imagens serão construídas a partir dos cubos vermelhos.

— O Antônio me chamou ontem, queria que eu conversasse com você, mas preferi ficar observando.

— Além dos cubos, vamos ter uma pintura ao fundo, como faziam os artistas do século XIX, significando mato, leite.

— E a luz? — pergunta ele.

— Pensei em usar todos os refletores brancos, âmbar e azuis.

— Olha, sem transição vou pincelar com algum tom de vermelho. Mas você nem vai notar.

— Nos olhamos e começamos a rir.

— Meu nome é Paula, você já sabe. E o seu?

— Pedro.

# Capítulo 13

Quando completei 48 anos de idade veio-me ao coração redescobrir a vida com outros olhos. Alcanço uma liberdade da qual talvez ainda não saiba falar, mas agora já posso dizer o porquê de ter vindo.

— Pedro? Seja bem-vindo. Mas gostaria que a iluminação deste espaço levasse o espectador a ilusão nenhuma. São vários refletores que iluminam, ressaltam, é só.

— Você é sempre tão braba assim? — pergunta ele.

Sinto que fui ríspida. Sei lá, o nome, o receio de que a luz ofuscasse a cena, o fato de não conhecê-lo...

— Sou assim mesmo — digo.

Pedro sai andando em direção à cabine de luz. Disfarçadamente fico observando seus movimentos, seus sobe e desces, a maneira e a força com que carrega os refletores e os cabos.

Este momento no teatro é aquele em que um ator está testando uma maquiagem e vem lhe mostrar... O mesmo acontece com os figurinos. Checo o volume da trilha sonora, a que hoje dou a maior importância, não à trilha, mas à divisão e ao volume dela nas caixas de som.

Estou sentada no meio da plateia, fila G, e vejo o palco como a cama que deixei. Pedro começa a acender as luzes, o cenário desarrumado, vermelho, repleto de adereços, me arrepia. Gostaria de ter um trampolim bem alto para mergulhar naquele espaço que daqui a pouco vai estar repleto de vida, de talento, de vozes, de toques. Então, os atores vão se movimentar e ficar completamente parados. Haverá sentimento de amor e sentimento nenhum. E se cantará e dançará! Fingirão que choram e se lamuriarão, gritarão e ficarão mudos, se mostrarão covardes, humilharão e serão humilhados, serão onipotentes, onipresentes, absolutos. Serão açoitados e maltratados em uma comédia do burguês-caipira bêbado senhor Puntila e do esperto criado Matti Altonen.

A vida é definitivamente diferente do teatro. Na cena, por mais que o ator sinta, ele finge. Sempre ensinei isso aos meus alunos, numa frase maravilhosa de

Peter Brook: "O ator incorpora a ele mesmo." É tudo verdade, mas no palco.

Faltam três horas para a estreia da peça. Começo a pensar em tudo o que me aconteceu, é inevitável, sei que a doença é incurável, mas minhas possibilidades ficaram muito claras para mim quando fui à Argentina essa última vez.

Dra. Silvia Kalina me disse claramente que eu não dependia apenas da medicação como eu pensava, mas da minha mente. Mudar o pensamento agora é minha estratégia usual, aos poucos o sentimento se transforma também. Minha personagem terá apenas algumas doses de problemas. Assim espero.

Minha família tem um medo do que possa me acontecer que não sei se é para rir ou para chorar. Meu cunhado Marcelo se tornou um aliado, está sempre à disposição para qualquer problema, sinto que acredita na minha cura ou na maior estabilidade possível que eu possa alcançar.

*Paula, por que você está dizendo isso?*

*Porque quero ser normal! Normal! Normal! E a desconfiança dos outros me incomoda.*

*Olha para o palco, Paula!*

O filme volta outra vez. Preto e branco, no meio de tanta cor. Estou me desgarrando dessa doença, mas há sombras. E hoje é um dia de medo. Mudo o pensamento. Sei por que vim. Estou aqui. Quase pronta.

Não penso mais nos aplausos, apenas em ser fiel a mim e a Ele. Nem tudo vale a pena. Pessoas morrem. O que está acontecendo vale a pena. Me sinto viva, não preciso ser normal, preciso estar e ser uma pessoa viva.

André vem com a namoradinha para a estreia, já me pediu para que não o faça passar vergonha, todos os adolescentes pedem a mesma coisa às mães. E vejo esse pedido como natural. Prometo a ele dizer só "oi" para a menina, dar dois beijinhos e depois, boca calada. Isso vale a pena.

A paz. Se fala tanto nela, mas não acredito que seja sentida pela maioria das pessoas. A paz é o pacote dos meus remédios. É a maneira com que tento falar, andar. A paz é a comunicação dos dois lados com Deus. É a grande sensação. Não há moeda de troca.

Estou sentada na fila G, daqui a duas horas começo a agitar o início do espetáculo, chamar os atores, testar o som, checar o cenário etc. Estou perseguindo essa paz agora. Essa ausência de medo.

O cenário já está pronto.

— Paula, posso acender os refletores para você ver como ficou?

— Claro, Pedro, vamos lá.

— Se tiver alguma mudança, temos tempo.

O cenário se ilumina. Está lindo. Seco, mas ressaltando os cubos e o painel sutilmente. O cara entendeu.

— Pedro, é isso mesmo. Não precisa mudar nada. Está, bonito. Parabéns. Desculpe as minhas inseguranças...

— Só se você for tomar um café comigo lá fora.

— Faltam duas horas! — eu digo.

— Por quê? Você vai viajar?

Duas horas antes no aeroporto etc. e tal...

— Faltam duas horas, você vai ficar aí angustiada, que eu sei. Vamos lá. Dez minutos — Pedro diz.

Me sinto bem no meio da sala escura, mas os pensamentos são muitos. Bons e maus. Vou tomar esse café... (Um ou dois, Dr. Kalina não vai saber.)

Atravessamos a rua e ele segura fortemente a minha mão, do outro lado da calçada há uma lanchonete. Sentamos numa mesa, escondidinhos.

— Desculpe, mas não conheço você como iluminador. O que você já fez?

— Ilumino shows, faço os de quase todas as cantoras e bandas, teatro é novo para mim. Vim porque o Farkas me chamou.

Quis morrer de vergonha.

— E eu cheia de arrogância...

— Não. Gosto de diretor que sabe o que quer. Eu a conheço de nome, Paula, mas não a vejo dirigindo há muito tempo — Pedro diz.

— Estou cansada dessa história, é melhor dizer que estou começando agora. Ou que já dirigi *O Cha-*

*peuzinho Vermelho.* Parei por dois anos. Fiquei entre o Brasil e a Argentina.

— Por que? Algum intercâmbio cultural? — ele pergunta.

Como esse cara quer saber!

— Fui fazer um tratamento psiquiátrico e entre idas e vindas este é o meu recomeço.

— Então vamos comemorar!

— Não quero pensar muito nisso, Pedro.

— Então vamos fazer uma coisa, nós não vamos pensar que esta noite é uma grande coisa. Sabe por quê? Porque sua vida, seu tratamento, esses sim são grandes acontecimentos.

Pensei na palavra "fortaleza" da Dra. Silvia.

— Pedro, vamos, o *foyer* do teatro já está lotado e preciso checar tudo lá dentro. Acho que demorei demais.

— Hoje o tempo é seu, Paula! Ele pertence a você — e me deu um abraço.

Fico toda embaraçada e atravessamos a rua.

No teatro dou de cara com uma determinada crítica. Ela apenas está ali. Não me importa mais.

Vejo amigos, abraço alguns com carinho, mas estou longe de festa nesse momento. Quero entrar logo no teatro. Pedro continua ao meu lado.

— Costumo ver a peça da cabine de luz. Algum problema para você? — pergunto.

— Não faço nada, Paula. Esqueceu? Só aperto um botão e acabou.

Começamos a rir. Me vem o louco pensamento de entrarmos no teatro, organizarmos tudo para começar e depois das batidas de Molière irmos embora do espetáculo e voltarmos no fim. Nunca havia feito isso. Toda estreia para mim era uma tortura, em que me contorcia quando algo saía do meu controle. Mas era a minha estreia! Tão esperada estreia! Segredo com Pedro essa loucura:

— Paris é bem ali.

— Para!

— Ao atravessar a rua boiaremos nas águas do paraíso.

No teatro abençoamos todos e cada pequeno espaço. Antes das batidas de Molière estou na ribalta sozinha para falar com o público e, como disse anteriormente, convidá-lo a ficar de cabelo solto, atento, brincante. Que intercedam se quiserem, que eu hoje não entraria em cena apenas porque eles iriam errar muito e eu teria de fazer isso muitas vezes. E que então eu estava dispensada. Eles riram. Desejei que eles curtissem muito, que eu ia curtir também.

Eles só não sabiam onde.

Na escuridão da plateia, saímos, Pedro e eu, sorrateiros, e passamos por um *foyer* vazio, onde nem a moça das balas está lá. Meu sentimento está revirado. Como não ver a obra que criei durante três meses? Também é um dia tão frenético, nervoso, em que fico impotente, e essa vontade de ir com o Pedro, de esquecer, é uma questão dentro de mim. Vou me divertir com o Pedro. E como acontecerá a peça? Eles me dirão depois. Estou decidida.

— Vamos para onde, Pedro?

— Vem comigo, me dá sua mão e vem comigo.

— Vou brincar de cabra-cega de olhos abertos.

Vamos andando dois quarteirões e chegamos à Lagoa Rodrigo de Freitas, atravessamos o gramado, passamos por alguns bares e Pedro então me leva para um *deck* vazio.

— Não lhe disse que a levaria para Paris? E para Bora-Bora?

— Vou deitar um pouco aqui. Sentir o balanço da água no meu corpo.

Minha sensação de segurança com Pedro, apesar de conhecê-lo tão pouco, é grande. Ele é sutil.

Estou relaxada, meus olhos estão fechados e sinto Pedro do meu lado de uma maneira tranquila. O *deck* balança. É bom.

Uma música toca ao longe e sinto apenas que sou uma mulher junto a um homem e que tudo pode acontecer, ou não. Uma mulher normal, um pouco excitada talvez.

Sinto de repente ele vir, desabotoar minhas sandálias, pegar os meus pés e começar a beijá-los devagar. Deixo que ele me beije até que jogue seu corpo contra o meu e me dê o maior dos beijos; e eu adoro. Não penso em nada. Apenas o beijo, e o beijo, e o beijo.

— Sinto você de todas as cores, de todas as tonalidades, e isso me encanta — ele diz.

— Às vezes minhas cores são densas demais.

— Então, eu lhe aviso e você suaviza.

— Tenho medo de gostar de alguém, Pedro. Justamente por essa intensidade. Sabe a frase de Platão: "Quando um qualquer amante tem a sorte extrema de encontrar a sua outra metade, ficam os dois tão intoxicados de afeto, com amizade e com amor, que não suportam ficar sem se ver um único instante"? Essa pode ser eu.

— "Ao vê-la, não pude deixar de tremer e de murmurar para mim mesmo: eis um Deus mais forte do que eu, que chegou para me dominar."

— Assim não vale! — eu digo.

— Não tem de ter medo de nada. Chega dessa história de medo.

— E hoje eu posso controlar a minha mente e conseguir parar as coisas que quero parar. Mas olha só, nem sempre.

— Qual é o problema?

— Sou bipolar.

— Muda de humor constantemente?

— Não é bem assim. Só o tempo. Mas o importante é que já sofri muito com essa doença. Fui muito maltratada e agora quero ser feliz. Quando ela aparece me escondo dela.

— Paula, eu encaro qualquer barulho, quero saber de tudo, mesmo que não agora. Você quer namorar comigo?

Este Pedro não é aquele Pedro. Aquele Pedro é perverso, doente e derrotado. Este Pedro tem cabelos negros, olhos esverdeados, é alto, forte, tem um nariz diferente, pessoal, uma boca linda... estou vivendo um sonho. Vou deixá-lo livre, vou aceitar para dar toda a liberdade para ele.

— Sim.

— Pareceu resposta de casamento.

Começamos a rir entre beijos e abraços.

A atenção também está no relógio, quero estar no meio dos aplausos ou das vaias...

— Essa peça é muito importante para mim. Quando fiquei na cama doente estava lá a criatura, mas existia também no meio de tamanha loucura a criatividade, que, segundo Cláudio Ulpiano, são indissociáveis. Então, mesmo doente, criei um monstro de corpo vermelho, nariz fumegante e, por que não, a Feia Adormecida. Mas criava cenas, cenários e embates. Ia para longe e encenava meu teatro sempre.

— Paula, você é bela de coração, de olhos, de alma, depois vem as pernas. Esse jeito de falar, de olhar. E o seu teatro me convence, você sabe o que fala, sabe o que quer.

Eu o interrompo.

— Você gosta de cinema?

— Comédia, drama, épicos, só não gosto de filme que faz dormir.

— Eu amo David Linch, *Cidade dos sonhos* é um dos meus filmes prediletos. As pessoas têm necessidade de entender tudo, mas não é para entender! É para curtir, se emocionar com cada quadro, que é uma cena de cinema que é puro cinema.

— Nossa! Você tem mais algum ídolo?

— Vários, mas agora me passam pela cabeça Astor Piazzola e Lobão.

— Você é bipolar, mesmo — diz rindo.

Tudo é muito leve.

Estou apaixonada de novo. E agora tudo vai ser diferente, porque sou e estou diferente. Porque este é outro Pedro. E penso que minha peça acontece no teatro e eu ali descalça, liberta.

Spinoza diz que Deus é livre porque não é constrangido por nada. Me lembrei disso pelo bem-estar que sinto no aconchego do peito de Pedro, deitados nesse *deck* sem medo nem culpas.

Nossos corpos e nossas mentes só sentem prazer e gozo. E há muito tempo não me sinto assim. Tão feliz.

— Ei, menina, está na hora de irmos para o teatro.

Dou um pulo.

O amor sempre principiou os meus atos. E me abandono nele. O amor é o que há de mais importante na minha vida. O teatro e até o meu filho em algumas circunstâncias ficam em segundo plano. É assim. Sempre foi.

Mas o teatro! Meu espetáculo amado. Coloco as sandálias rapidamente, passo um batom, Pedro ajeita meu cabelo e vamos a passos apressados pela rua. Chegamos. Graças a Deus faltam 10 minutos para terminar. Do lado de fora ouço risos e alguma gritaria. Meu Deus, será que aconteceu a zona que eu desejava?

Entramos Pedro e eu na sala, tudo estava claro, plateia e palco. E as pessoas pareciam estar juntas naquele jogo. O palco fervia. Fico observando alguns momentos, Antônio Farkas está maravilhoso, é dono de todo aquele espaço e joga para os atores sua bola, que é pega com talento.

Vou andando pela plateia com os olhos pregados em tudo.

— Paula, onde você quer ficar? — pergunta Pedro.

— Vamos ficar no palco. A gente sobe e senta do lado direito.

— Você está louca?

— Esta peça pode ser invadida.

Subimos pela escadinha e sentamos no canto do palco. Farkas pisca para mim e eu lhe mando um beijo. A peça não é interrompida.

Adoro este texto. Ele fala com muito humor da diferença de classes sociais, do abuso de uma condição social sobre outra. Mas nos faz pensar no nosso semelhante, espero eu.

Finalmente a última e bela cena que acontece entre as personagens de Puntila e Matti Altonen, seu chofer.

O espetáculo termina.

O palco escurece, o público começa a aplaudir com força e depois com mais força, todos de pé, enquanto Farkas, já com as luzes acesas, vai ao centro do palco. Ele está transformado, suas feições, sua respiração. Depois chama cada ator pelo nome e eles todos vão ficando lado a lado.

E agradeço a Deus por ter conseguido realizar, conhecer, pintar, fazer essa arte, sendo portadora de uma doença que me desestabiliza, que confunde minha mente ou me joga no fundo do poço das minhas angústias, mas que não me impede de criar, nem de amar, nem de viver e conviver.

Tinha pedido tanto para Farkas... não estou preparada.

— Gostaria de chamar ao palco nossa diretora, Paula Parroni.

Toda a classe teatral na plateia, minha família, pessoas desconhecidas. É para essas últimas que vou falar.

— Boa noite. Adoro este texto do Brecht, sonho em montá-lo há muitos anos. Antônio Farkas me deu esta oportunidade e sou imensamente grata ao projeto e por trabalhar com ele. Os outros atores são os talentos que conto nos dedos das mãos. Isto que vocês viram aqui foi fruto de um grande sonho, que, eu sabia, ia se tornar realidade. Simplesmente porque acreditei muito nele.

As pessoas aplaudem. Menciono toda a ficha técnica com carinho, porque são realmente maravilhosos. O show acaba.

Lá fora um *buffet* com bebidas, providenciado pela produção, espera a todos. Está tudo lindo, florido. Natália e Flávio são feríssimas.

As pessoas todas vêm me cumprimentar, de repente há um interesse geral pela minha pessoa.

— Paula, querida, que saudades de você. Por onde você andou durante esses dois anos?

— Oi, Santana, querido, estava estudando línguas na Argentina e um pouco de filosofia.

— Que maravilha — diz ele.

Para não ser injusta, algumas pessoas vêm falar do espetáculo comigo, discutimos ideias, perguntam como tínhamos chegado àquela interpretação. E sinto naquela pequena festa que alguma coisa havia acontecido no nosso palco. Além do carinho de algumas pessoas.

— Vamos?

Levo um susto, é Pedro. Para falar a verdade, havia me esquecido dele. Mas, o vendo assim, meu coração acelera e digo:

— Vamos.

Me despeço de Farkas e dos atores, parabenizo o cenógrafo, a figurinista, beijo alguns e vou embora.

Paramos em um boteco para eu tomar minha medicação da noite. Vamos andando pela rua em silêncio e Pedro parece entender que alguma coisa está acontecendo comigo. Me sinto um pouco irritada, com a sensação de que algo está fora do lugar. Peço que paremos. Coloco minha bolsa em cima de um carro e começo a pôr tudo no lugar, vejo se falta algo, se nada foi esquecido, enquanto uma angústia vai tomando minha cabeça.

— O que você está sentindo, Paula?

— Isto. Uma confusão. Um-mal estar. Essa merda que não me deixa em paz. A cabeça com muitos pensamentos, que não consigo conectar. Dr. Kalina diz que é a mania.

— Paula, preste atenção, você saiu de um momento de sucesso inesperado, que talvez ainda não caiba dentro de você. Vamos mudar esta sensação.

— Está muito forte. Quero ir para casa.

— O que os seus psiquiatras dizem para você fazer?

— Respirar muito. E mudar o pensamento.

— Então vamos lá, respire fundo e me fale do Lobão.

Vou tentar, a noite foi linda. É isto também que me deixa assim: a felicidade. Não estou acostumada com esse sentimento.

— O Lobão é barulhento, roqueiro, mas ele fez um CD, intitulado *A vida é doce*, que é um primor, lento, com as letras mais poéticas que já ouvi, sobre amor, sobre desamor. Então, fiz o roteiro de um curta chamado *Um*, todo pontuado pelas músicas dele. Mas a minha vontade era fazer um média-metragem, com todas as músicas, apesar de que ninguém vê média-metragem. Talvez seja desconhecimento meu, mas tenho imagens e histórias para cada música com *links* e tudo, já ouvi o CD mais de mil vezes. O único problema é que quando vejo Lobão fico trêmula e não consigo falar com ele.

— Então já tenho um rival — diz Pedro.

— Com certeza tem.

Este mal-estar não vai acontecer assiduamente. As pessoas me assustaram. A felicidade me assustou. Tenho planos, tenho sonhos, a vida voltou para meus braços e fiquei com medo. Passou.

— Obrigada, Pedro, mas agora vou embora. Amanhã nos vemos.

— Não vamos dormir juntos?

— Ainda não. Mas cedinho ligo. Quero muito vê-lo. Foi tudo mais do que especial. Agora deixe eu ir, que tem alguém me esperando. Tchau.

— Tchau — ele diz, meio cabisbaixo.

Amanhã explico a ele.

Pego meu carro e saio rumo ao Flamengo. Vou a mil. Estaciono na praia. As portas do templo estão fechadas. Bato de leve no vidro. Paulo abre a porta, ele já me esperava. Paulo é um homem de Deus. Ele coloca as mãos na minha cabeça logo que entro e faz uma grande oração. Choro muito. Digo a ele que estou ali para agradecer em voz alta e como uma testemunha. Fico em pé em meio às cadeiras e olho para a cruz.

— Meu Pai amado, nada teria sido possível sem Você. Sou um milagre divino. E Você está na frente de tudo. Obtive Sua misericórdia, não Sua bênção ou Sua graça. Estava perdida nas trevas, não havia mais fé, mais alma, mais querer, mais amor. E vi e tenho certeza de que Você é o filho de Deus. E Você, Jesus amado, por amor, me curou e me levou para a sanidade e para a vida novamente. Hoje creio em Você mais do que em todas as coisas. A vida é Você. A luz é Você. Você me acompanha e nossa intimidade os outros desconhecem. Penso que quem crê recebe. E sei que

Você não me abandonará jamais. Por isso O amo, pelo Seu sacrifício, eu O amo por ser Sua filha, eu simplesmente O amo.

O grande e sábio Paulo me abraça, ora novamente e me deixa sair. Eu lhe agradeço. Nos despedimos. A porta se fecha. Vou até meu carro, abro a porta, ligo a chave na ignição, dou a partida e coloco para ouvir o CD *A vida é doce.*

Este livro foi composto na tipologia Berkeley Oldstyle Medium,
em corpo 12/16,8, e impresso em papel off-white 80g/m²
no Sistema Cameron da Divisão Gráfica
da Distribuidora Record.